MW00985160

Para:

De:

Fecha:

Mensaje:

ESPERANZA y SANIDAD

365 ORACIONES
para CADA DÍA

ESPERANZA y SANIDAD

365 ORACIONES *para* CADA DÍA

STORMIE OMARTIAN

GRUPO NELSON
Una división de Thomas Nelson Publishers
Desde 1798

NASHVILLE   DALLAS   MÉXICO DF.   RÍO DE JANEIRO   BEIJING

© 2008 por Stormie Omartian
Publicado en Nashville, Tennessee, Estados Unidos de América.
Grupo Nelson, Inc. es una subsidiaria que pertenece
completamente a Thomas Nelson, Inc.
Grupo Nelson es una marca registrada de Thomas Nelson, Inc.
www.gruponelson.com

Título en inglés: *Prayers for Emotional Wholeness*
© 2007 por Stormie Omartian
Published by Harvest House Publishers
Eugene, Oregon 97402
www.harvesthousepublishers.com

A menos que se indique lo contrario, todos los textos bíblicos han sido
tomados de la Nueva Versión Internacional® NVI®
© 1999 por la Sociedad Bíblica Internacional. Usado con permiso.

Traducción: *Raquel Monsalve*
Tipografía: *Grupo Nivel Uno, Inc.*

ISBN: 978-1-60255-114-5

Impreso en China
Printed in China

10 11 12 MT 9 8 7 6 5 4 3 2

Contenido

Introducción

$\mathscr{E}$l propósito de Dios para nuestras vidas es que seamos sanos —que es la forma en que nos creó para que fuéramos— y luego obrar en nosotros para su gloria a medida que rendimos nuestra vida a Él. La sanidad emocional es vivir sin emociones negativas y tener paz en cuanto a quién es usted y hacia dónde va su vida.

Cuando estaba tratando de encontrar sanidad emocional en mi vida, la oración fue una gran parte de ese proceso. Y es porque cuando le oramos a Dios pasamos tiempo en su presencia. Y en su presencia encontramos sanidad para el dolor de nuestro pasado. Es allí donde aprendemos a pensar con claridad y a mantener una actitud correcta. Es allí donde aprendemos a hablar palabras que traen vida y no muerte a nuestras situaciones y relaciones. En su presencia aprendemos a hacer buenas decisiones para llegar a ser productivos y fructíferos.

Cuando le oramos a Dios encontramos su consuelo, guía, paz, amor, gozo, contentamiento, perdón, esperanza y liberación. Nos deshacemos de las emociones negativas como el enojo, la ansiedad, la depresión, la duda, la soledad, el temor y la culpa. Cuando oramos, encontramos ayuda en tiempos de angustia, de tentación, de debilidad y de ataques del enemigo.

La oración es importante no sólo para nuestra propia sanidad, sino también para la de nuestras relaciones. La oración nos acerca más a Dios, que es el lugar donde podemos encontrar una visión para nuestro futuro y entender mejor nuestro propósito.

¿Quién no necesita todo eso? Yo lo necesito. Aun cuando vengo de un pasado quebrantado y me siento como una persona restaurada, todavía necesito orar todos los días. Sé que continúo siendo una obra en proceso. Tal vez usted también se sienta como una obra en progreso. Sabe que Dios tiene más para usted y usted quiere deshacerse de todas las cosas en su vida que le impiden experimentar eso. Si es así, encontrará que las oraciones y los versículos bíblicos en este libro le son de mucha ayuda. Puede usarlos en su caminar diario en oración con Dios, y espero que sean un punto de partida desde el cual usted comparta su corazón y sus preocupaciones específicas con Dios. Mi oración es que le ayuden a orar con más detalles sobre los asuntos importantes de su vida. Puede pronunciar estas oraciones en orden —una por día durante los 365 del año—, o puede enfocarse en diferentes esferas de oración específicas (esas que sabe que necesita orar por ellas ahora mismo).

Todos necesitamos más de la sanidad que Dios tiene para nosotros, porque Él tiene mucho más de lo que podemos imaginar.

Stormie Omartian

1

Cuando necesito ser libre de la ansiedad y la depresión

❧

*S*eñor, te doy gracias por tu Palabra, porque es buena y me da vida. Cada vez que la leo siento gozo en mi corazón. Oro que tu Palabra en mí me llene el corazón con tu amor y tu paz, y que al igual que las cenizas vuelan en el viento, toda la ansiedad, la depresión y otras nubes oscuras se alejen de mi vida. Te pido que quites toda la tristeza de mi corazón y me liberes completamente de todas las emociones negativas.

❧

La angustia abate el corazón del hombre, pero una palabra amable lo alegra.

PROVERBIOS 12.25

Cuando necesito ser libre de la ansiedad y la depresión

Señor, ayúdame a no sentir ansiedad en cuanto a mi futuro o a que mis necesidades sean suplidas. Ayúdame a confiar que me has traído hasta aquí y que me llevarás el resto del camino. Ayúdame a no preocuparme por las cosas y a que, en cambio, lleve a ti mis preocupaciones en oración y las deje en tus manos.

*Por eso les digo. No se preocupen por su vida,
qué comerán o beberán; ni por su cuerpo,
cómo se vestirán. ¿No tiene la vida más valor
que la comida, y el cuerpo más que la ropa?*

MATEO 6.25

Cuando necesito ser libre de la ansiedad y la depresión

*Q*uerido Señor, porque soy tu hijo, puedo rehusarme a dejar que la depresión se apodere de mí y me cubra como un manto pesado. Debido a que soy tuyo, no tengo que estar agobiado con la ansiedad. Debido a que tu Espíritu vive en mí, tengo poder para estar por encima de las cosas que me preocupan. Debido a que te amo y que amo tus caminos, mi vida puede ser renovada todos los días. Hoy oro que quites toda mi ansiedad, tristeza y depresión, y que renueves mi mente y mis emociones.

Si tu ley no fuera mi regocijo,
la aflicción habría acabado conmigo.
Jamás me olvidaré de tus preceptos,
pues con ellos me has dado vida.

SALMO 119.92-93

Cuando necesito ser libre de la ansiedad y la depresión

⚜

*S*eñor, oro que quites toda la tristeza que siento y que hagas evaporar toda la depresión o la opresión que pesa sobre mí. Quiero experimentar tu gozo en mi alma en todo momento. Quiero experimentar la alegría de corazón que sé que tienes para mí. Gracias por llevar mi dolor para que yo no lo tenga que cargar. Ayúdame a experimentar tu paz que sobrepasa todo entendimiento.

⚜

*Ciertamente él cargó con nuestras
enfermedades y soportó nuestros dolores,
pero nosotros lo consideramos herido,
golpeado por Dios, y humillado.*

ISAÍAS 53.4

5

Cuando necesito ser libre de la ansiedad y la depresión

❦

*S*eñor, por las noches, cuando siento ansiedad por algunas cosas y estoy cansado y sobrecogido por todo lo que enfrento, anhelo tu presencia más que nunca. Mi alma busca tu Espíritu Santo —mi Consolador— para que me consuele. Ayúdame a estar en tu presencia tanto de día como de noche para poder sentir que me libras de la preocupación en todo momento.

❦

Todo mi ser te desea por las noches; por la mañana mi espíritu te busca. Pues cuando tus juicios llegan a la tierra, los habitantes del mundo aprenden lo que es justicia.

Isaías 26.9

Cuando necesito ser libre de la ansiedad y la depresión

❦

*S*eñor, confieso que a veces siento ansiedad en cuanto a si mis necesidades serán suplidas. Si siempre voy a tener una casa en la cual vivir y comida en mi mesa. Si voy a poder proveer para los miembros de la familia que tú me has dado para que cuide. Señor, quita toda mi ansiedad y dame paz. Ayúdame a no preocuparme más por el futuro porque lo he puesto en tus manos.

❦

*Así que no se afanen por lo que han de comer
o beber; dejen de atormentarse.*

Lucas 12.29

Cuando necesito ser libre de la ansiedad y la depresión

Señor, en ti pongo mi esperanza. Me rehúso a mirar otras cosas u otras personas para que me den propósito, una sensación de logro y paz. Confieso la ansiedad que tengo como falta de fe en tu habilidad de proveer para mí. Someto mi vida a ti y entrego todas mis expectativas a tu bondad, poder y amor. Ayúdame a orar por todas las cosas y a confiar en ti en cada aspecto de mi vida.

Sólo en Dios halla descanso mi alma;
de él viene mi esperanza.

Salmo 62.5

Cuando necesito ser libre de la ansiedad y la depresión

Señor, gracias porque cuando siento pesado el corazón, puedo clamar a ti y tú me escuchas. Sé que si escuchas mi voz, vas a responder mis oraciones. Por lo tanto, no voy a permitir que el enemigo de mi alma me abata y torture con pensamientos que me producen ansiedad, tristeza o depresión. En cambio, lo que haré es ir a ti.

Cansado estoy de sollozar;
toda la noche inundo de lágrimas mi cama,
¡mi lecho empapo con mi llanto!
Desfallecen mis ojos por causa del dolor;
desfallecen por culpa de mis enemigos.
¡Apártense de mí, todos los malhechores,
que el Señor ha escuchado mi llanto!

Salmo 6.6-8

Cuando necesito ser libre de la ansiedad y la depresión

Señor, sé que a veces me preocupo por cosas que tú has dicho y por las que no debo sentirme ansioso, sino que debo orar por todo. Elevo a ti mi situación y las cosas que más me preocupan. Quita de mí la carga que me producen y ayúdame a verlas de acuerdo a tu perspectiva. Gracias porque tu Palabra dice que perfeccionarás las cosas que me conciernen. Pongo toda mi fe y confianza en ti.

El Señor cumplirá en mí su propósito.

Salmo 138.8

Cuando necesito ser libre de la ansiedad y la depresión

❧

 *S*eñor, te doy gracias por tu misericordia, y porque tus bondades son nuevas todas las mañanas cuando despierto. Gracias por tu fidelidad al amarme en forma incondicional. Ayúdame a recordar que debido a tu misericordia y amor, tengo todo lo que necesito y puedo rehusarme a sentir ansiedad acerca del presente o del futuro. Lo que necesito hacer es orar sobre eso.

❧

El gran amor del Señor nunca se acaba,
y su compasión jamás se agota. Cada mañana
se renuevan sus bondades;
¡muy grande es su fidelidad!

Lamentaciones 3.22-23

11

Cuando necesito ser libre de la ansiedad y la depresión

❧

*S*eñor, quítame el peso que tengo en el corazón. Vivifica mi alma y ayúdame a tener una visión del futuro. Quítame de la mente y de la vida todo lo que no viene de ti. Capacítame para serte fiel y para seguir tus caminos, y para vivir una vida basada en la verdad de tu Palabra. Ayúdame para que nunca me mienta a mí mismo ni a otras personas, ni comprometa la vida que tú tienes para mí.

❧

De angustia se me derrite el alma.
Susténtame conforme a tu palabra.
Mantenme alejado de caminos torcidos;
concédeme las bondades de tu ley.

SALMO 119.28-29

Cuando necesito ser libre de la ansiedad y la depresión

❧

*S*eñor, te doy gracias porque escuchas las oraciones, la alabanza y el agradecimiento que te ofrezco. Gracias porque puedo expresarte los deseos de mi corazón y tú me escuchas y me respondes. Elevo a ti todo lo que me preocupa hoy, y te pido que lo hagas obrar para mi mayor bien. Estoy agradecido porque cuando pongo mi fe en ti no tengo que estar ansioso por nada.

❧

No se inquieten por nada; más bien, en toda ocasión, con oración y ruego, presenten sus peticiones a Dios y denle gracias.

FILIPENSES 4.6

Cuando necesito ser libre de la ansiedad y la depresión

☙

Señor, confieso que hay algunas cosas que me hacen sentir ansiedad en el alma. Te las entrego y te pido que quites de mi vida esas ansiedades y que me des paz. Consuela mi alma como sólo tú lo puedes hacer. Ayúdame a entender mi vida y mis circunstancias desde tu perspectiva para que no me sienta tentado a pensar en ellas con un corazón preocupado. Gracias por el consuelo de tu amor inagotable.

☙

Cuando en mí la angustia iba en aumento,
tu consuelo llenaba mi alma de alegría.

Salmo 94.19

Cuando necesito ser libre de la ansiedad y la depresión

❧

Señor, te confieso que a veces me siento abatido, triste o deprimido. Pero sé que tú tienes gozo, alegría, paz y contentamiento para mí en el lugar donde ahora estoy. Ayúdame a poner mi esperanza en ti y a alabarte en medio de lo que sea que esté experimentando. Ayúdame a mirarte a ti por todas las cosas, porque tú eres mi Dios, el que pone una sonrisa en mi rostro y gozo en mi corazón.

❧

¿Por qué voy a inquietarme? ¿Por qué me voy a angustiar? En Dios pondré mi esperanza, y todavía lo alabaré.
¡Él es mi Salvador y mi Dios!

Salmo 42.11

15

Cuando necesito ser libre de la ansiedad y la depresión

Señor, muéstrame las esferas en que tengo pensamientos de ansiedad. Escudriña mi corazón y descubre cualquier cosa que me impida recibir la sanidad que tienes para mí. Quiero llegar a ser todo lo que quisiste que fuera, sé que eso no es posible mientras la ansiedad gobierne mi corazón. Gracias porque no me creaste para vivir con ansiedad o tristeza, sino que me creaste para que encuentre gozo en ti todos los días.

*Examíname, oh Dios, y sondea mi corazón;
ponme a prueba y sondea mis pensamientos.*

Salmo 139.23

Cuando necesito ser liberado de la melancolía de estar solo

$\mathcal{G}$racias, Señor, porque siempre estás conmigo. Ayúdame a recordarlo en todo momento, especialmente cuando me siento solo. Porque moriste por mí, Jesús, sé la profundidad de tu amor por mí. Porque tu Espíritu está dentro de mí, siempre tengo el consuelo de tu presencia. Capacítame para sentir tu presencia y tu amor de una manera mucho mayor que antes, para poder salir de la melancolía de sentirme solo. Quita de mí para siempre el dolor de la soledad.

*Y les aseguro que estaré con ustedes siempre,
hasta el fin del mundo.*

MATEO 28.20

17

Cuando necesito ser liberado de la melancolía de estar solo

❧

Gracias, Señor, porque nunca me rechazas ni me impides llegar a tu presencia. Gracias porque siempre te acuerdas de mí. No tengo que preocuparme de que me olvides. Tú me conocías aun antes de que naciera. Aun antes de que yo pensara en ti, tú pensaste en mí. Ayúdame a pensar en ti siempre. Que mis pensamientos acerca de tu amor me liberen del dolor de sentirme solo. Ayúdame a pensar en la soledad como un recordatorio de que necesito acercarme más a ti.

❧

Dios no rechazó a su pueblo, al que de antemano conoció.

ROMANOS 11.2

Cuando necesito ser liberado de la melancolía de estar solo

Señor, ayúdame a estar contento con el lugar donde estoy, porque sé que tú no me vas a dejar allí para siempre. Ayúdame a no tener celos ni envidia por el amor o el compañerismo que otros tienen o disfrutan. Ayúdame a fijar mis ojos en ti y no en lo que otros hagan o no hagan por mí. Gracias porque tú nunca me abandonarás ni me dejarás.

Manténganse libres del amor al dinero, y conténtense con lo que tienen, porque Dios ha dicho. «Nunca te dejaré; jamás te abandonaré.»

HEBREOS 13.5

Cuando necesito ser liberado de la melancolía de estar solo

⁓

$\mathscr{S}$eñor, tú eres el que me conoces mejor y el que me ama más. Tú eres el que te has comprometido a amarme incondicionalmente por toda la eternidad. Ayúdame a no culpar a otras personas por lo que percibo que no me aman o se preocupan por mí como yo quisiera que lo hicieran. Ayúdame a continuar mostrándoles amor a otras personas sin importar cuál es su respuesta hacia mí.

⁓

Porque el que te hizo es tu esposo;
su nombre es el Señor Todopoderoso.
Tu Redentor es el Santo de Israel;
¡Dios de toda la tierra es su nombre!

Isaías 54.5

Cuando necesito ser liberado de la melancolía de estar solo

Señor, gracias porque tú estás cerca de mí cuando clamo a ti con todo mi corazón. Clamo a ti hoy porque necesito sentir en mi vida tu amor, tu gozo, tu paz y tu poder. Gracias, Señor, porque tu Espíritu Santo vive en mí y siempre está conmigo, así que no tengo que sentirme solo. Ayúdame a sentir tu presencia ahora y hazme cada vez más y más consciente de tu amor sanador.

El Señor está cerca de quienes lo invocan,
de quienes lo invocan en verdad.

SALMO 145.18

Cuando necesito ser liberado de la melancolía de estar solo

Señor, vengo delante de ti ahora, pidiéndote que estés cerca de mí y que me llenes de nuevo con tu Espíritu Santo. Fluye dentro de mí con tu agua de vida y límpiame de toda la soledad. Me rehúso a ser inconstante al darte gracias por tu presencia, y también me niego a actuar como si tú no estuvieras presente en mi vida. Quítame todo dolor y sentimiento de soledad, y ayúdame a sentir tu presencia de una forma más profunda. Gracias porque siempre me amas y me guías a la sanidad.

Acérquense a Dios, y él se acercará a ustedes.
¡Pecadores, límpiense las manos! ¡Ustedes los
inconstantes, purifiquen su corazón!

Santiago 4.8

Cuando necesito ser liberado de la melancolía de estar solo

꙱

𝒮eñor Jesús, muchas veces te apartaste de otras personas para estar solo. Pero en realidad nunca estabas solo porque siempre estabas con tu Padre celestial. La única vez que debiste haberte sentido completamente solo fue cuando clamaste a Dios diciéndole: «¿Por qué me has abandonado?» Pero tú fuiste abandonado para que yo nunca lo tenga que ser. Gracias, Señor, por librarme de la soledad para siempre.

꙱

Pero Jesús, dándose cuenta de que querían
llevárselo a la fuerza y declararlo rey, se retiró
de nuevo a la montaña él solo.

JUAN 6.15

Cuando necesito ser liberado de la melancolía de estar solo

$\mathscr{S}$eñor Jesús, cuando estuviste en la tierra, siempre supiste que nunca estabas solo, porque tu Padre celestial siempre estaba contigo. Ayúdame a tener también ese sentimiento de tu continua presencia en mí. Ayúdame a estar tan consciente de tu presencia continua conmigo todos los días que pueda sentir que tu amor quita toda sensación de soledad y que me sana para obtener la victoria completa. Sé que cuando camino contigo, realmente no estoy solo.

Y si lo hago, mis juicios son válidos porque no los emito por mi cuenta sino en unión con el Padre que me envió.

JUAN 8.16

Cuando necesito ser liberado de la melancolía de estar solo

Señor, todas las veces que pasabas por momentos de dificultad, siempre te retraías de la multitud e ibas a un lugar donde estabas solo con tu Padre celestial. Ayúdame a aprender eso también. Cuando sienta el primer indicio de soledad o de falta de paz, recuérdame que me acerque a ti y sienta el consuelo de tu presencia y el poder sanador de tu amor.

Has hecho de él manantial de bendiciones;
tu presencia lo ha llenado de alegría.

SALMO 21.6

Cuando necesito ser liberado de la melancolía de estar solo

Señor, cada vez que me siento afectado por la soledad, sé que el enemigo juega con mi mente y que me hace pensar que no soy amado o que soy rechazado. Gracias porque siempre me amas y nunca me rechazas. Gracias, porque debido a tu presencia en mi vida, no tengo que vivir con melancolía en mi corazón. Dame la «fiesta continua» de un corazón que está feliz pese a las circunstancias.

Para el afligido todos los días son malos;
para el que es feliz siempre es día de fiesta.

PROVERBIOS 15.15

Cuando necesito ser liberado de la melancolía de estar solo

Señor, invito a tu presencia para que inunde mi vida de una forma nueva y vivificante. Ayúdame a sentir tu presencia con más poder y profundidad que antes. Haz rebosar en mí tu amor, tu paz y tu gozo, y quita de mi vida todo lo que no esté de acuerdo a tu voluntad conmigo. Quita todos los sentimientos de separación, rechazo o falta de intimidad con otras personas, y dame uno más grande de intimidad contigo.

Enseñándoles a obedecer todo lo que les he mandado a ustedes. Y les aseguro que estaré con ustedes siempre, hasta el fin del mundo.

MATEO 28.20

Cuando necesito ser liberado de la melancolía de estar solo

Señor, me siento como Moisés, no quiero ir a ninguna parte si tu presencia no va conmigo. No quiero pasar ni un instante sin tu presencia. En tu presencia hay paz, gozo, descanso, satisfacción y amor. En tu presencia estoy libre de la soledad y de la tristeza. Ayúdame a no hacer nada nunca que pueda comprometer la plenitud de tu presencia en mi vida.

—Yo mismo iré contigo y te daré descanso
—respondió el Señor.
—O vas con todos nosotros —replicó Moisés—,
o mejor no nos hagas salir de aquí.

Éxodo 33.14-15

Cuando necesito
ser liberado del temor

⬥

*S*eñor, a veces tengo miedo de lo que podría suceder en el futuro. Te entrego todos mis temores y te
doy gracias porque sé que los vas a quitar de mí.
Pongo en tus manos mis temores más grandes y te
pido que me des paz en lugar del temor. Cuando esté
en dificultades o sucedan cosas difíciles alrededor de
mí, ayúdame a recordar que estás de parte mía y que
pelearás por mí. Si tú estás a favor de mí, entonces
nadie puede tener éxito contra mí.

⬥

*No les tengas miedo, que el Señor tu Dios
pelea por ti.*

DEUTERONOMIO 3.22

Cuando necesito
ser liberado del temor

Señor, te doy gracias porque no importa lo que me haya sucedido en el pasado, no importa lo que esté sucediendo en mis circunstancias ahora, tú has prometido que nunca me dejarás ni me abandonarás. Gracias porque me amas y porque nunca tendré que vivir con temor. Te pido que quites de mi vida todas las cosas que me dan una buena razón para tener temor. Mantenme a salvo y protegido en el lugar en que estoy, y llévame a un lugar seguro en el futuro.

Sean fuertes y valientes. No teman ni se asusten ante esas naciones, pues el Señor su Dios siempre los acompañará; nunca los dejará ni los abandonará.

Deuteronomio 31.6

Cuando necesito
ser liberado del temor

&

*G*racias, Señor, por tu amor en mi vida. Gracias porque tu amor quita todo el temor. Someto a ti ahora mismo todas las cosas que me producen temor y te pido que quites todo el tormento en lo que concierne a ellas. Quita todo lo que me inquieta y dame paz. Gracias porque tu perfecto amor quita todo el temor, ahora mismo mientras oro me está perfeccionando. Gracias porque tu perfecto amor me está restaurando.

&

*En el amor no hay temor, sino que el amor
perfecto echa fuera el temor.
El que teme espera el castigo,
así que no ha sido perfeccionado en el amor.*

1 Juan 4.18

Cuando necesito
ser liberado del temor

~

*S*eñor, el único temor que quiero tener en mi vida es el temor de lo que sería mi vida sin ti. Lo que quiero es reverenciarte y si no lo estoy haciendo completamente, entonces muéstramelo. Si no estoy siguiendo tus caminos, revélamelo para que me pueda arrepentir y cambiar mis pensamientos y mis acciones. Ayúdame a estar siempre firme en ti, para que mi fundamento sea seguro. Quiero ser liberado de todo lo que me impide moverme a la vida plena que tienes para mí.

~

Solamente al Señor tu Dios debes seguir
y rendir culto. Cumple sus mandamientos
y obedécelo; sírvele y permanece fiel a él.

DEUTERONOMIO 13.4

Cuando necesito
ser liberado del temor

Señor, ayúdame a no tener miedo de lo que otras personas piensen de mí. Ayúdame a recordar que puesto que tú me has salvado y porque tu Espíritu vive en mí, las cosas que dicen los que me juzgan en realidad no me pueden herir. Cuando la gente dice cosas críticas, ayúdame para que no las tome en cuenta y que no permanezcan en mi mente ni en mi corazón. Gracias porque aunque las palabras que hieren pueden ir y venir, mi salvación es eterna.

*Escúchenme, ustedes que conocen lo que
es recto; pueblo que lleva mi ley en su
corazón. No teman el reproche de los hombres,
ni se desalienten por sus insultos, porque la
polilla se los comerá como ropa y el gusano
los devorará como lana. Pero mi justicia
permanecerá para siempre; mi salvación,
por todas las generaciones.*

Isaías 51.7-8

Cuando necesito
ser liberado del temor

Señor, confío en ti y me rehúso a sentir temor por cosa alguna. Tú eres mi salvación y mi fortaleza. Tú eres el cántico que se eleva en mi corazón. Me has salvado de la mano de mi enemigo y me has dado el poder de resistir sus ataques contra mi vida. Líbrame del enemigo hoy y todos los días en el futuro. Pongo mi vida en tus manos y tomo la determinación de descansar en la paz que tienes para mí.

¡Dios es mi salvación! Confiaré en él y no temeré. El Señor es mi fuerza, el Señor es mi canción; ¡él es mi salvación!

Isaías 12.2

Cuando necesito
ser liberado del temor

Señor, ayúdame a permanecer sin miedo en medio de las cosas atemorizantes que tengo que enfrentar hoy. Ayúdame a descansar en la confianza de que veré que tu poder me salva y que obrará para mi bien. Ayúdame a poseer la tierra que me has dado en la vida para que el enemigo no me la pueda robar. Ayúdame a no desmayar, sin importar lo que suceda, porque sé que tú estás a cargo de mi vida.

—No tengan miedo —les respondió Moisés—.
Mantengan sus posiciones, que hoy mismo
serán testigos de la salvación que el Señor
realizará en favor de ustedes. A esos egipcios
que hoy ven, ¡jamás volverán a verlos!

Éxodo 14.13

Cuando necesito
ser liberado del temor

Cuando temo fracasar, Señor, miro a ti para que impidas que caiga. Aun cuando no he hecho todas las cosas correctamente, sé que me das tu misericordia, tu amor y tu bondad cada vez que me vuelvo a ti. Cuando siento que estoy cayendo, elevo mi mano hacia ti para que me sostengas y me coloques en tierra firme. Ayúdame a no fracasar sino a tener éxito en todo lo que haga. Bendice mi trabajo y mis relaciones para que puedan prosperar y llevar mucho fruto y siempre glorificarte a ti.

No bien decía: «Mis pies resbalan»,
cuando ya tu amor, SEÑOR,
venía en mi ayuda.

SALMO 94.18

Cuando necesito
ser liberado del temor

❧

*S*eñor, libérame de tenerle miedo al futuro y a las cosas malas que temo que puedan suceder. En cambio, ayúdame a enfocarme en las situaciones que enfrento hoy y en tu gran poder, para que me guíe a través de cada una victoriosamente. Bendice mi salud, mi trabajo, mis relaciones, mis decisiones, mis finanzas, mis amistades y mi familia. Coloco toda mi vida en tus manos y confío en que tú, Señor, me ayudarás y me guiarás por el sendero a la sanidad completa y al éxito.

❧

Por lo tanto, no se angustien por el mañana,
el cual tendrá sus propios afanes.
Cada día tiene ya sus problemas.

MATEO 6.34

Cuando necesito
ser liberado del temor

❦

Señor, coloco todos mis temores delante de ti y te pido que me liberes de ellos. Ayúdame a no dejarme guiar o motivar por el temor, sino que en cambio sienta que tu presencia en mi vida me libera de todos mis temores. Gracias porque tú eres mi Dios y me das fortaleza, y porque me sostienes y me ayudas a permanecer firme y a tener valor cuando enfrento cosas que producen temor. Gracias, Señor, porque tú eres más grande que cualquiera de las cosas que temo.

❦

Así que no temas, porque yo estoy contigo; no
te angusties, porque yo soy tu Dios.
Te fortaleceré y te ayudaré; te sostendré
con mi diestra victoriosa.

Isaías 41.10

Cuando necesito ser liberado del temor

Querido Señor, te doy gracias porque no me has dado un espíritu de temor. En cambio, me has dado amor y poder y dominio propio. Rechazo el temor y me rehúso a ser atado por él, porque tu perfecto amor en mí no le da lugar al temor en mi vida. Me rehúso a tener miedo porque tú has enviado tu poder a que se mueva por mí. Y me has dado una mente clara para poder discernir la diferencia. Cada vez que tengo temor, ayúdame a recordar tu perfecto amor.

Pues Dios no nos ha dado un espíritu de timidez, sino de poder, de amor y de dominio propio.

2 TIMOTEO 1.7

39

Cuando necesito
ser liberado del temor

⁂

Señor, cuando veo las cosas que están sucediendo alrededor de mí, siento temor de que también me puedan suceder a mí. Cuando veo tornados, huracanes y terremotos, temo estar en uno de ellos. Pero tú, Jesús, reprendiste a la tormenta y el mar se calmó. Y reprendiste a tus discípulos por ser temerosos en vez de ser fieles. Señor, ayúdame para tener mucha fe, para que cuando me lleguen las tormentas de la vida pueda orar con poder en vez de temblar de miedo.

⁂

—Hombres de poca fe —les contestó—,
¿por qué tienen tanto miedo?
Entonces se levantó y reprendió a
los vientos y a las olas, y todo quedó
completamente tranquilo.

MATEO 8.26

10

0

Cuando necesito
ser liberado del temor

❧

*S*eñor, en tu Palabra veo que existe una relación entre el temor y la fe. Mis temores me revelan que debo tener más fe en ti y en tu habilidad para protegerme y suplir mis necesidades. Señor, haz que mi fe aumente tanto que ya no sea, de ninguna manera, controlado ni motivado por el temor. Que la fe se levante en mí y que disuelva cualquier temor que yo pueda tener. Elevo todos mis temores a ti y los coloco a tus pies. Ayúdame a dejarlos completamente en tus manos.

❧

*—¿Por qué tienen tanto miedo? —dijo a sus
discípulos—. ¿Todavía no tienen fe?*

<small>MARCOS 4.40</small>

Cuando necesito
ser liberado del temor

❦

Señor, tú eres la luz de mi vida. Debido a ti no debo tener temor de lo que las fuerzas de las tinieblas tratan de hacerme. Tú no me has salvado para destrucción, sino para un propósito. Por lo tanto, cuando el temor haga que me sienta débil, recordaré que tú eres la fortaleza de mi vida. Ayúdame a reconocer tu poder y tu amor en todo momento para que nunca me sobrecoja el temor. Oro que tú, Señor, en todo momento me mantengas libre de daños y peligros.

❦

*El Señor es mi luz y mi salvación; ¿a quién
temeré? El Señor es el baluarte de mi vida;
¿quién podrá amedrentarme?*

Salmo 27.1

Cuando necesito
ser rescatado de la angustia

꙰

*S*eñor, te doy gracias porque eres la fuente que me suple cuando tengo necesidad. Tú eres mi ayuda en tiempos de dificultades. No tengo que temer a los problemas que me puedan sobrevenir porque tú eres mi refugio y mi protector. Cuando me siento débil por estar enfrentando la oposición, tú eres mi fortaleza. Ayúdame a descansar en la seguridad de tu protección y a clamar a ti por todo lo que necesito en los tiempos buenos y también en los malos.

꙰

Dios es nuestro amparo y nuestra fortaleza,
nuestra ayuda segura en momentos de
angustia.

SALMO 46.1

Cuando necesito
ser rescatado de la angustia

✦

*S*eñor, cuando sucede algo que me perturba clamo a ti para que lo cambies en algo bueno. Aun cuando lo que suceda tal vez sea una gran desilusión para mí, también es una buena oportunidad para invitarte a que lo transformes en algo positivo. Clamo a ti ahora y te pido que traigas bien de las cosas que me preocupan hoy. Que nunca me avergüence por los problemas de mi vida.

✦

En ti, Señor, busco refugio; jamás permitas
que me avergüencen; en tu justicia, líbrame.

Salmo 31.1

Cuando necesito
ser rescatado de la angustia

☙

*S*eñor, ayúdame a guardar mi alma de cualquier influencia perversa, ya sea de parte de las personas con las cuales me asocio o con las que trabajo, o por cualquier medio de comunicación que permito entrar a mi hogar y a mi vida. Dame discernimiento para no aceptar como normal algo que tú hayas declarado perverso. No quiero ponerle una trampa a mi alma ni invitar a que las dificultades entren a mi vida sólo porque me rodee de cosas desagradables de las que hay en el mundo, y me he desensibilizado a ellas. Ayúdame a ser sensible a tu Espíritu y a las cosas que te causan dolor. Ayúdame a no aceptar cosas en mi alma que son inaceptables para ti.

☙

*Espinas y trampas hay en la senda
de los impíos, pero el que cuida su vida
se aleja de ellas.*

PROVERBIOS 22.5

Cuando necesito
ser rescatado de la angustia

☙

Señor, gracias porque me mantendrás a salvo y apartado de los problemas. Te pido que tu mano de protección esté sobre mí, especialmente sobre mi salud, mi hogar, el lugar donde trabajo y en todas las formas de transporte que uso, ya sea que viaje en automóvil, autobús, avión o tren, o si estoy caminando por una calle transitada. Quita cualquier sentimiento de que me pueda ocurrir una fatalidad, ya sea que esté en mi hogar o en cualquier lugar. Ayúdame a dormir en paz de noche, sabiendo que guardas mi morada.

☙

En paz me acuesto y me duermo, porque sólo
tú, Señor, me haces vivir confiado.

Salmo 4.8

Cuando necesito
ser rescatado de la angustia

❧

*G*racias, Señor, porque aunque tenga que estar en un lugar peligroso, no tengo que temer porque tú estás conmigo. Ayúdame a nunca hacer nada imprudente que te pruebe en eso. Ayúdame a no ponerme en peligro por mi falta de cuidado, arrogancia o ignorancia. Pero si debo estar en un lugar que parezca peligroso, oro que me des la seguridad de tu presencia y de tu protección allí.

❧

Temer a los hombres resulta una trampa,
pero el que confía en el Señor
sale bien librado.

Proverbios 29.25

Cuando necesito
ser rescatado de la angustia

Señor, gracias porque debido a que me has salvado, soy justo delante de ti y mi enemigo no puede triunfar en mi vida. Tú, Señor, eres mi roca, mi fortaleza y mi protector, así que no hay nadie que pueda destrozar mi vida mientras camine contigo. Gracias porque siempre escuchas mis oraciones y porque serás mi refugio en tiempos de dificultad. Te pido que me libres de dificultades, de daños y de influencias malignas hoy y siempre.

Cercano está el que me justifica;
¿quién entonces contenderá conmigo?
¡Comparezcamos juntos! ¿Quién es mi
acusador? ¡Que se me enfrente!
¡El Señor omnipotente es quien me ayuda!
¿Quién me condenará?

Isaías 50.8-9

Cuando necesito
ser rescatado de la angustia

❦

Señor, en los tiempos de oscuridad en mi vida, me vuelvo a ti. Yo sé que siempre estás allí para alumbrar mi camino. Ayúdame a recordar que puesto que confío en ti, nunca tengo que caminar solo a través de las situaciones difíciles. Quita todo el temor por mis problemas y dame un sentido más grande de tu presencia caminando conmigo a través de ellos. Ayúdame a escuchar tu voz, que me instruye, y dame la fortaleza y la determinación de obedecer tus directivas.

❦

¿Quién entre ustedes teme al Señor y obedece la voz de su siervo? Aunque camine en la oscuridad, y sin un rayo de luz, que confíe en el nombre del Señor y dependa de su Dios.

Isaías 50.10

Cuando necesito
ser rescatado de la angustia

◌

*G*racias, Señor, porque no tengo que huir de las dificultades ni esconderme atemorizado. En cambio, puedo ir a ti y pedirte que vayas delante de mí y que pelees por mí contra todas las oposiciones. Te pido que hagas esto hoy. Sálvame de las cosas que temo que me puedan dañar. Gracias porque cubres mi espalda y porque siempre me protegerás. Ayúdame a confiar en ti y no en mi propia fortaleza cuando esté en dificultades.

◌

Pero no tendrán que apresurarse ni salir
huyendo, porque el Señor *marchará a la*
cabeza; ¡el Dios de Israel les cubrirá la espalda!

Isaías 52.12

Cuando necesito
ser rescatado de la angustia

☙

Gracias, Señor, porque tú siempre estás a mi lado.
Gracias porque siempre me escoges para ser parte de
tu equipo. Tú me amas y me aceptas eternamente.
Ayúdame a no tener temor de las dificultades que
otros traen a mi vida. Te pido que seas mi protector. No permitas que otras personas me calumnien.
Protege mi reputación. Líbrame de los planes de la
gente malvada. No permitas que los pecados de otros
destruyan mi vida ni las de mis seres amados.

☙

El Señor está conmigo, y no tengo miedo;
¿qué me puede hacer un simple mortal?

Salmo 118.6

Cuando necesito
ser rescatado de la angustia

Señor, clamo a tu nombre hoy porque sé que mi ayuda viene de ti. Señor, tú eres el creador del cielo y de la tierra y todo lo que está en ellos. Tú eres mi Creador y tu amor me protege de daños. Jesús, tú eres mi Salvador y me has salvado para toda la eternidad. Sálvame de todas las situaciones difíciles ahora mismo. Aleja las dificultades de mi vida. Espíritu Santo, tú eres mi guía. Apártame de todo lo que es dañino en mi vida.

Nuestra ayuda está en el nombre del Señor,
creador del cielo y de la tierra.

Salmo 124.8

Cuando necesito
ser rescatado de la angustia

❦

Señor, humildemente vengo delante de ti como tu siervo y te doy gracias por librarme de las dificultades. Oro pidiéndote tu protección sobre mi salud, mi mente, mi familia, mis finanzas, mis emociones y mi reputación. Gracias porque ninguna arma que se forje contra mí va a prosperar. Gracias porque me has hecho para que sea justo delante de ti, y tú me protegerás de la difamación y de la condenación de otras personas.

❦

No prevalecerá ninguna arma que se forje contra ti; toda lengua que te acuse será refutada. Ésta es la herencia de los siervos del Señor, la justicia que de mí procede —afirma el Señor—.

Isaías 54.17

Cuando necesito
ser rescatado de la angustia

✧

Señor, gracias por estar conmigo en tiempos de angustia. Sé que cuando clamo a ti, tú me libras. Te pido que me libres hoy de todas mis dificultades, y que en el futuro me libres de los planes que mi enemigo tiene para destruirme. Dame una vida larga y exitosa, libre de la influencia de gente malvada. Gracias por salvarme y por amarme tanto que escuchas y respondes mis oraciones.

✧

Él me invocará, y yo le responderé; estaré con él en momentos de angustia; lo libraré y lo llenaré de honores. Lo colmaré con muchos años de vida y le haré gozar de mi salvación.

SALMO 91.15-16

54

Cuando necesito
ser rescatado de la angustia

&

Señor, te doy gracias porque estás en mi vida. Te honro por encima de todas las cosas en el mundo. Sé que cuando te adoro, te alabo y me postro delante de ti en temor reverente, hay un flujo de tu Espíritu que se derrama en mi vida y que hace que tu vida fluya en mí. Este flujo de tu vida me aleja de las redes de la destrucción y la muerte. Cuando te alabo me elevo por encima de las dificultades de mi vida y voy a tu presencia, donde estoy a salvo. Ayúdame a recordar que en primer lugar debo alabarte, sin importar lo que esté sucediendo alrededor de mí.

&

El temor del Señor es fuente de vida, y aleja al hombre de las redes de la muerte.

Proverbios 14.27

Cuando necesito
ser rescatado de la angustia

❧

Señor, ayúdame a estar tan lleno de tu Palabra, de tu amor, de tu poder y de tu paz, que aun cuando esté bajo ataque del enemigo, mi corazón y mi fe no vacilen. Mi confianza está en ti, Señor, y no puede ser conmovida, ni aun por un ataque del enemigo. Ayúdame a recordar que cuando las dificultades vienen a mi vida, no tengo que temer porque tú estás conmigo. Y tú has prometido que nunca me dejarás ni me abandonarás.

❧

Aun cuando un ejército me asedie, no temerá mi corazón; aun cuando una guerra estalle contra mí, yo mantendré la confianza…
Porque en el día de la aflicción él me resguardará en su morada; al amparo de su tabernáculo me protegerá, y me pondrá en alto, sobre una roca.

Salmo 27.3, 5

Cuando necesito
ser rescatado de la angustia

❧

Señor, elevo mis manos a ti y te pido que extiendas la tuya hacia mí, y me libres de toda angustia en mi vida. Quita todo el temor y el tormento, y ayúdame a compartir abiertamente mi corazón contigo acerca de todas las cosas que más me preocupan ahora. Gracias porque tú eres siempre mi ayudador en tiempos de dificultad, y contigo no tengo que temerle a nada. Ayúdame a enfrentar cada desafío con esperanza y no con temor en mi corazón.

❧

Porque yo soy el Señor, tu Dios, que sostiene
tu mano derecha; yo soy quien te dice.
«No temas, yo te ayudaré».

Isaías 41.13

Cuando necesito resistir la tentación y vivir como Dios quiere que viva

❦

Querido Señor, ayúdame a resistir la tentación de desobedecerte. No quiero hacer nada que hiciera que mis oraciones no fueran contestadas. Ayúdame a ni siquiera pensar ni actuar de una forma que te desagrade. Deseo hacer sólo las cosas que te glorifican. Capacítame para hacerlas. Quiero vivir de la forma que tú quieres que viva para poder disfrutar todo lo que tienes para mí.

❦

Si en mi corazón hubiera yo abrigado maldad,
el Señor no me habría escuchado;
pero Dios sí me ha escuchado, ha atendido
a la voz de mi plegaria.

SALMO 66.18-19

Cuando necesito resistir la tentación y vivir como Dios quiere que viva

Señor, ayúdame a obedecerte siempre. Pon un barómetro santo dentro de mí para que el clima espiritual que tengo siempre armonice con tus caminos. Adviérteme cuando estoy cerca de cruzar la línea en cuanto a hacer las cosas a tu manera y no hacer lo que está mal ante tus ojos. Gracias por las maravillosas recompensas de paz, sanidad y satisfacción que les das a todos los que viven de acuerdo a tus mandamientos.

El temor del SEÑOR es puro: permanece
para siempre. Las sentencias del SEÑOR son
verdaderas: todas ellas son justas ... Por ellas
queda advertido tu siervo; quien las obedece
recibe una gran recompensa.

SALMO 19.9, 11

Cuando necesito resistir la tentación y vivir como Dios quiere que viva

⊘

℘eñor, sé que la vida que se vive por el poder de tu Espíritu tiene más satisfacción y más logros que nada que yo pueda lograr en mi carne. Ayúdame para vivir siempre de acuerdo a tu Palabra y a rehusarme a ser tentado a hacer las cosas de otro modo. Sé que vivir de acuerdo a tus mandamientos beneficia todos los aspectos de mi vida. Ayúdame para vivir de una manera santa para poder recibir las promesas que tienes para mí en esta vida como así también en la venidera.

⊘

Pues aunque el ejercicio físico trae algún provecho, la piedad es útil para todo, ya que incluye una promesa no sólo para la vida presente sino también para la venidera.

1 TIMOTEO 4.8

Cuando necesito resistir la tentación y vivir como Dios quiere que viva

Señor, no puedo vivir sin la manifestación de tu presencia y de tu amor en mí todos los días. Siento tu presencia y tu amor, y sé que estoy recibiendo sanidad. Ayúdame a expresar la profundidad de mi amor por ti obedeciendo siempre tus mandamientos. Ayúdame a obedecer tus instrucciones perfectamente en todo momento. Ayúdame a adorarte con todo mi corazón de una forma que te agrade.

¿Quién es el que me ama? El que hace suyos mis mandamientos y los obedece. Y al que me ama, mi Padre lo amará, y yo también lo amaré y me manifestaré a él.

JUAN 14.21

Cuando necesito resistir la tentación y vivir como Dios quiere que viva

Señor, no quiero perder lo que tienes para mi vida por no vivir de acuerdo a tus caminos. Habla a mi corazón en cuanto a los planes que tengo para mi vida que están haciendo que no logre completamente los planes que tienes para mí. No quiero asumir que estoy haciendo todas las cosas bien. No quiero vivir sin preguntarte cómo quieres que viva.

El que obedece sus mandamientos permanece
en Dios, y Dios en él. ¿Cómo sabemos
que él permanece en nosotros?
Por el Espíritu que nos dio.

1 JUAN 3.24

Cuando necesito resistir la tentación y vivir como Dios quiere que viva

Señor, oro que nunca haga nada necio que me aparte del camino que tienes para mí. Ayúdame a resistir la tentación de hacer algo que no sea recto delante de tus ojos. Si te he culpado por cosas que han pasado, confieso ese pecado y te pido me perdones. Dame la capacidad de tomar buenas decisiones en todas las cosas que hago. Quita toda la necedad de mi corazón y dame tu sabiduría para que me guíe en cada decisión.

La necedad del hombre le hace perder el rumbo, y para colmo se irrita contra el Señor.

PROVERBIOS 19.3

Cuando necesito resistir la tentación y vivir como Dios quiere que viva

Querido Señor, necesito tu ayuda para ser una persona verdaderamente recta. Soy tu hijo y en mí vive tu Espíritu de verdad, y yo quiero vivir en esa verdad. Capacítame para resistir la tentación de no ser falso en nada para poder mantener la destrucción apartada de mi vida. No quiero recibir las consecuencias de decir una mentira de ninguna clase. Hazme una persona que dice la verdad y que es íntegra para que la gente pueda confiar en mí. Ayúdame para que nunca comprometa tu verdad.

El testigo falso no quedará sin castigo;
el que difunde mentiras perecerá.

PROVERBIOS 19.9

Cuando necesito resistir la tentación y vivir como Dios quiere que viva

Señor, ayúdame a buscar siempre el consejo de las personas que tienen sabiduría santa para que mis decisiones y mis acciones me mantengan bajo la cobertura de tu protección y tu seguridad. Ayúdame para estar alrededor de personas que me alienten a permanecer en el camino que tú tienes para mí. Ayúdame a reconocer y a evitar a aquellos que harán que me aparte de tus caminos. Dame la fortaleza para resistir la tentación de seguir a la multitud si ellos no caminan contigo.

*Sin dirección, la nación fracasa; el éxito
depende de los muchos consejeros.*

Proverbios 11.14

Cuando necesito resistir la tentación y vivir como Dios quiere que viva

*S*eñor, te pido que me perdones por todas las formas en que he desobedecido tus leyes. No quiero impedir las bendiciones que tienes para mí al permitir que el pecado no confesado tenga lugar en mi vida. Quiero traer todas las cosas delante de ti para estar libre de la atadura y la muerte que son las consecuencias del pecado. Muéstrame cualquier cosa que deba confesar y arrepentirme hoy. Ayúdame a apartarme de toda tentación a desobedecerte, y capacítame para vivir en el centro de tu voluntad todos los días.

Dichoso aquel a quien se le perdonan sus transgresiones, a quien se le borran sus pecados.

Salmo 32.1

Cuando necesito resistir la tentación
y vivir como Dios quiere que viva

Señor, vengo delante de ti para confesar los pecados que hay en mi corazón y las tentaciones que se me cruzan por la mente. Perdóname por cada pensamiento que no te glorifica. Quita de mi mente y alma todo deseo de hacer cualquier cosa que contristaría tu Espíritu. Gracias porque tu perdón no tiene fin para aquellos que tienen un corazón arrepentido y que te aman más que a los deseos de la carne. Te amo por sobre todas las cosas, no quiero que ningún pecado en mi corazón ni en mi mente me separen de la sanidad que tienes para mí.

*Pero te confesé mi pecado, y no te oculté
mi maldad. Me dije: «Voy a confesar mis
transgresiones al SEÑOR», y tú perdonaste mi
maldad y mi pecado.*

SALMO 32.5

Cuando necesito resistir la tentación y vivir como Dios quiere que viva

✣

Señor, ayúdame a entregarte todo lo que quieres que te dé. También enséñame a darles a otros. Ayúdame a dar de mí mismo, mi tiempo o cualquier cosa que tenga, cada vez que tú me lo indiques. Muéstrame a quién quieres que le dé y lo que debo dar. Sé que dar es un paso de obediencia, y que hay una bendición muy grande al dar cuando lo hacemos de acuerdo a la forma en que quieres que lo hagamos. Ayúdame a no impedir que tu Espíritu fluya en mi vida por no dar cuando sé que lo debería hacer.

✣

Den, y se les dará. Se les echará en el regazo
una medida llena, apretada, sacudida y
desbordante. Porque con la medida que midan
a otros, se les medirá a ustedes.

LUCAS 6.38

Cuando necesito resistir la tentación
y vivir como Dios quiere que viva

❦

Querido Señor, gracias porque has puesto tu Espíritu en mí y me estás enseñando a obedecer tus instrucciones. Ayúdame a mantener tus mandamientos en mi corazón para que no me olvide de hacer lo recto. Quiero vivir como tú quieres que viva y mantenerme en el camino que tienes para que yo ande en él, para poder recibir todo lo que tienes para mí y prosperar en todo lo que hago. Capacítame para cumplir tu voluntad todos los días.

❦

Infundiré mi Espíritu en ustedes, y haré que
sigan mis preceptos y obedezcan mis leyes.

EZEQUIEL 36.27

Cuando necesito resistir la tentación y vivir como Dios quiere que viva

Señor, ayúdame a buscar buenos consejos siempre. Cuando necesite buscar un consejero cristiano, muéstrame quién debe ser. Amo tus leyes y tus caminos, y quiero vivir de acuerdo a tus instrucciones. Ayúdame a lograrlo. Permite que pueda estar en tu Palabra todos los días para que tus leyes lleguen a ser parte de la fibra de mi corazón y mi alma. Quiero recibir las bendiciones que tienes para los que caminan de acuerdo a tu voluntad.

*Dichoso el hombre que no sigue el consejo
de los malvados, ni se detiene en la senda
de los pecadores ni cultiva la amistad de los
blasfemos, sino que en la ley del Señor se
deleita, y día y noche medita en ella.*

Salmo 1.1-2

Cuando necesito resistir la tentación y vivir como Dios quiere que viva

Señor, ayúdame a conocer tu Palabra lo suficiente como para hablarla cuando necesito recordarla. Sé que tu Palabra es viva y poderosa y siempre logra el propósito para el cual la has enviado. Que tu Palabra morando en mí me haga la persona completa y productiva que quisiste que fuera. Que obre en mí y me prepare para lograr grandes cosas en tu reino.

Así es también la palabra que sale de mi boca.
No volverá a mí vacía, sino que hará lo que yo
deseo y cumplirá con mis propósitos.

Isaías 55.11

Cuando necesito resistir la tentación y vivir como Dios quiere que viva

☙

*S*eñor, sé que tus caminos son más altos que mis caminos, así que necesito que me ayudes para que tus caminos sean mis caminos. Capacítame para que tus pensamientos sean mis pensamientos. Ayúdame a ver las cosas en mi vida desde tu perspectiva para poder entender el cuadro completo, y para no quedarme estancado en los pequeños e insignificantes detalles de la vida que me pueden desviar del sendero que trazaste para mí.

☙

Porque mis pensamientos no son los de ustedes, ni sus caminos son los míos —afirma el Señor—. Mis caminos y mis pensamientos son más altos que los de ustedes; ¡más altos que los cielos sobre la tierra!

Isaías 55.8-9

Cuando necesito resistir la tentación y vivir como Dios quiere que viva

❧

Señor, creo que la Biblia es tu Palabra para mí, y decido creer en ella y hacer lo que dice. Capacítame para ver la verdad en tu Palabra y para obrar de acuerdo a ella. Revélame todo lo que debo entender para ser cambiado por ello. Escribe tu Palabra en mi corazón para que pueda ser limpiado por ella. Ayúdame a entender tu Palabra profundamente para que pueda siempre vivir de acuerdo a la forma en que quieres.

❧

El que esté dispuesto a hacer la voluntad de Dios reconocerá si mi enseñanza proviene de Dios o si yo hablo por mi propia cuenta.

Juan 7.17

Cuando necesito resistir la tentación y vivir como Dios quiere que viva

Señor, te doy gracias porque tu misericordia y tu amor siempre están a mi disposición, aun cuando no hago las cosas a la perfección. Gracias por tu fidelidad y porque siempre estás a mi lado. Tu maravilloso amor por mí hace que quiera hacer con más ahínco lo que te agrada. Ayúdame a obedecer tus leyes y a hacer las cosas que te dan placer. Quiero caminar por el sendero de la misericordia y la verdad. Y quiero que tu bondad y tu misericordia me sigan todos los días de mi vida.

Todas las sendas del Señor son amor
y verdad para quienes cumplen los
preceptos de su pacto.

Salmo 25.10

Cuando necesito abandonar el enojo
y ser paciente

⊂ℰ

*S*eñor, dame la habilidad de ser lento para enojarme. Quita cualquier cosa en mí que se rehúsa a abandonar el enojo por cosas que han pasado. Ayúdame
a no enojarme por cosas que creo que son injustas o
que son afrentas personales. En cambio, ayúdame a
pasar por alto las cosas que me molestan y a abandonar todo el enojo a tus pies. Reemplaza con tu amor y
tu paciencia todo el enojo que hay en mí. No quiero
que el enojo demore mi restauración y que me impida disfrutar del destino que tienes para mí.

⊂ℰ

El buen juicio hace al hombre paciente;
su gloria es pasar por alto la ofensa.

PROVERBIOS 19.11

Cuando necesito abandonar el enojo
y ser paciente

❦

*S*eñor, ayúdame a no guardar ira en mi corazón respecto a ninguna cosa. Cuando alguien haga algo que me ofenda, capacítame para elevarme sobre el enojo que tal vez sienta por eso. Ayúdame a renunciar al enojo y a perdonar inmediatamente para no dar lugar al enojo en mi alma. Capacítame para ser paciente con toda la gente y en todas las situaciones para que pueda reflejar tu naturaleza y no darle lugar a la carne.

❦

Refrena tu enojo, abandona la ira;
no te irrites, pues esto conduce al mal.

<small>Salmo 37.8</small>

Cuando necesito abandonar el enojo y ser paciente

◈

*S*eñor, gracias porque me das fortaleza para vivir cada día y enfrentar todo lo que debo enfrentar. La situación más difícil que enfrento hoy no es nada a la luz de tu poder para fortalecerme. Por el poder de tu Espíritu, si estoy enojado por algo, dame fortaleza para abandonar ese enojo. Dame la capacidad de ser paciente con toda la gente y en todas las situaciones, y a confiar en ti en cuanto al tiempo en que suceden todas las cosas. Oro que me des paciencia para hacer todo lo que me has llamado a hacer.

◈

Todo lo puedo en Cristo que me fortalece.

FILIPENSES 4.13

Cuando necesito abandonar el enojo y ser paciente

*Q*uiero ser como tú, Señor, lento para la ira y grande en misericordia. Ayúdame a entender mejor tu sabiduría hacia mí para poder extenderla a otras personas.

Ayúdame a mostrar gracia hacia todos los que veo y a estar lleno de compasión en todas las situaciones. Líbrame de cualquier clase de arrebatos emocionales o de reacciones a cosas que son inspiradas por la carne. Quiero reflejar que tu Espíritu mora en mí en todo momento.

El Señor es clemente y compasivo,
lento para la ira y grande en amor.

Salmo 103.8

Cuando necesito abandonar el enojo y ser paciente

Señor, ayúdame a tener siempre una respuesta amable, aun cuando las personas no sean amables conmigo. Dame un corazón tan lleno de tu amor que no me enoje fácilmente si otras personas me tratan rudamente o con indiferencia. Ayúdame a no desquitarme con palabras dichas con enojo, que al final voy a lamentar y que contristan a tu Espíritu Santo. Si alguien está enojado conmigo por cualquiera que sea la razón, ya sea justificada o no, ayúdame a siempre dar una respuesta suave y tierna, y a no usar palabras duras que lleven a un conflicto. Capacítame para vivir en paz con las personas que están alrededor de mí.

La respuesta amable calma el enojo,
pero la agresiva echa leña al fuego.

PROVERBIOS 15.1

Cuando necesito abandonar el enojo
y ser paciente

Señor, ayúdame a no echarle leña al fuego en ningún conflicto que pueda tener con los que me rodean. No quiero estar en una situación contenciosa con nadie. Capacítame para tener un corazón paciente y lleno de amor de modo que no me precipite a discutir con una persona o a perder la paciencia con alguien. Al contrario, hazme lento para la ira. Ayúdame a ser pacificador para que pueda alcanzar las bendiciones y la restauración que tienes para mí.

El que es iracundo provoca contiendas;
el que es paciente las apacigua.

PROVERBIOS 15.18

Cuando necesito abandonar el enojo
y ser paciente

❦

Señor, confieso que necesito mucha fortaleza para dominar mi espíritu. Oro que me des esa clase de fuerza para que pueda tomar control de mis emociones. No quiero que mis emociones me gobiernen en ningún sentido. Ayúdame para no tener nunca un estallido de enojo ni decir cosas que voy a lamentar. Dame un corazón tan compasivo y lleno de amor hacia otros que nunca me sienta tentado a mostrar enojo para con nadie.

❦

Más vale ser paciente que valiente; más vale
dominarse a sí mismo que conquistar ciudades.

PROVERBIOS 16.32

Cuando necesito abandonar el enojo
y ser paciente

⌘

Señor, ayúdame a ser como Abraham y a soportar con paciencia todo lo que sea necesario para ver que tu voluntad sea hecha en mi vida. No quiero que el enojo por una situación demore ninguna cosa que tú quieras hacer en mí. No quiero ser como las personas cuyo enojo les impide disfrutar de todo lo que tienes para ellas. No quiero dejar que mi propia impaciencia me impida recibir las promesas que tienes para mí.

⌘

Cuando Dios hizo su promesa a Abraham,
como no tenía a nadie superior por quien
jurar, juró por sí mismo, y dijo:
«Te bendeciré en gran manera y multiplicaré
tu descendencia». Y así, después de esperar
con paciencia, Abraham recibió lo que
se le había prometido.

HEBREOS 6.13-15

Cuando necesito abandonar el enojo
y ser paciente

Señor, sé que tener paciencia me hace más completo, y que estar enojado destroza mi vida. Decido tener paciencia en todas las cosas para ser completo y sano, que no me falte nada, como lo promete tu Palabra. Ayúdame para abandonar el enojo en mi vida y no darle lugar ni siquiera por un instante. No quiero comprometer el proceso de perfeccionarme que has comenzado en mí. Ayúdame a reaccionar con paciencia a las situaciones de mi vida.

Y la constancia debe llevar a feliz término la obra, para que sean perfectos e íntegros, sin que les falte nada.

Santiago 1.4

Cuando necesito abandonar el enojo
y ser paciente

Señor, si parece que estoy haciendo lo mejor posible para hacer lo que es correcto, y soy acusado de algo que no he hecho, o mis acciones o palabras han sido malentendidas de forma negativa, por favor, ayúdame a no disgustarme por eso. Mejor aun, ayúdame a tener un corazón paciente y comprensivo. Ayúdame a pensar lo mejor, y no lo peor, acerca de la gente. Ayúdame a ser rápido para perdonar y mostrar paciencia.

Pero, ¿cómo pueden ustedes atribuirse mérito alguno si soportan que los maltraten por hacer el mal? En cambio, si sufren por hacer el bien, eso merece elogio delante de Dios.

1 Pedro 2.20

Cuando necesito abandonar el enojo y ser paciente

Señor, ayúdame a glorificarte pasando por alto todas las ofensas que me hagan. Dame la paciencia necesaria para no reaccionar. Dame la discreción que necesito para escoger calmadamente el sendero de la paz y no escoger el enojo como una forma de responder. No permitas que destruya mi vida ni que por mostrar enojo o tomar malas decisiones no pueda recibir todo lo que tienes para mí. Lléname de tu amor, tu paz y tu gozo todos los días, y ayúdame a siempre vivir en su plenitud.

Abandonen toda amargura, ira y enojo, gritos y calumnias, y toda forma de malicia. Más bien, sean bondadosos y compasivos unos con otros, y perdónense mutuamente, así como Dios los perdonó a ustedes en Cristo.

EFESIOS 4.31-32

Cuando necesito abandonar el enojo
y ser paciente

*S*eñor, ayúdame a no darle lugar a los celos en ninguna de sus formas. Ayúdame a estar tan lleno de tu amor, tu paz y tu gozo, que la envidia por alguna cosa jamás entre a mi corazón o mi mente. Ayúdame a actuar con amor y amabilidad en todo momento, para que no caiga presa de la crueldad de mi propia ira. No permitas que el poder torrencial de la ira inunde mi vida en un momento de debilidad. Dame amor y paciencia, porque miro hacia ti por todo lo que necesito.

*Cruel es la furia, y arrolladora la ira, pero
¿quién puede enfrentarse a la envidia?*

PROVERBIOS 27.4

Cuando necesito abandonar el enojo
y ser paciente

Señor, sé que no siempre puedo ver el cuadro total en una situación, pero tú sí lo puedes ver. Ayúdame a ser paciente para ver que una situación se desarrolla hasta el fin en vez de ser rápido para juzgar sin tratar de buscar todos los hechos. Ayúdame a no sucumbir al enojo motivado por el orgullo, sino a ser humilde y paciente en espíritu, siempre dándoles el beneficio de la duda a los demás. Ayúdame a no ser orgulloso cuando trato con otras personas, sino a siempre tratarlos con la misericordia y gracia que tú me has dado a mí.

Vale más el fin de algo que su principio.
Vale más la paciencia que la arrogancia.

ECLESIASTÉS 7.8

Cuando necesito abandonar el enojo y ser paciente

*S*eñor, ayúdame a ser paciente con todo el mundo. Si le tengo que hablar a alguien sobre algo que es posible que lo disguste, ayúdame a hacerlo con amor y gracia. Ayúdame a ser compasivo, consolador y edificador cuando trato con las personas, y a no ser impaciente ni rudo. Quita el enojo de mi corazón y reemplázalo con tu bondad y amor. Que el fruto de tu Espíritu se manifieste en mí en todo momento.

Hermanos, también les rogamos que
amonesten a los holgazanes, estimulen
a los desanimados, ayuden a los débiles
y sean pacientes con todos.

1 Tesalonicenses 5.14

Cuando necesito perdonar y liberarme del pasado

❧

*S*eñor, muéstrame si hay alguien a quien necesito pedirle perdón. Si le he dicho o hecho algo a alguien que lo dañó, ya sea que me haya dado cuenta o no, oro que me lo hagas saber para que pueda confesártelo a ti y a esa persona, y ser perdonado. Tráeme a la mente cualquier cosa que le haya prometido a alguien y que no la haya cumplido, para que pueda rectificarlo. Quiero que todo esté claro en todas mis relaciones. Muéstrame a alguien con quien tengo que orar o por quien tengo que orar en lo concerniente a falta de perdón entre nosotros. Quiero experimentar la sanidad que trae el perdón.

❧

Confiésense unos a otros sus pecados, y oren
unos por otros, para que sean sanados. La
oración del justo es poderosa y eficaz.

Santiago 5.16

Cuando necesito perdonar y liberarme del pasado

*S*eñor, quiero que mi corazón siempre esté abierto y limpio delante de ti. Quiero confesar todo aquello de lo que necesito arrepentirme para poder recibir tu completo perdón. Muéstrame si estoy tratando de ocultar algo de ti o de alguna otra persona. Limpia mi corazón de toda iniquidad para poder vivir en la plenitud de tu presencia y recibir toda la sanidad que tienes para mí. Quiero tener la bella expresión de alguien que está completamente limpio delante de ti.

Pero te confesé mi pecado, y no te oculté mi maldad. Me dije: «Voy a confesar mis transgresiones al Señor», y tú perdonaste mi maldad y mi pecado.

Salmo 32.5

Cuando necesito perdonar
y liberarme del pasado

Señor, te pido que me perdones por las veces que he juzgado o censurado a otros. Ayúdame a perdonar a todos los que me han ofendido; en el presente, pasado y futuro. No quiero que nada se interponga para recibir tu completo perdón en mi vida. Si en alguna forma te he culpado por algo que haya sucedido, revélamelo para que pueda confesar que he puesto la culpa donde no debe estar. No quiero que nada se interponga entre tú y yo, especialmente mi propia falta de perdón.

No juzguen, y no se les juzgará.
No condenen, y no se les condenará.
Perdonen, y se les perdonará.

LUCAS 6.37

Cuando necesito perdonar
y liberarme del pasado

⁂

*J*esús, dame la capacidad de amar a los que me hieren, de bendecir a los que han sido crueles conmigo y de ser bueno con aquellos que se han comportado mal conmigo. Ayúdame a orar por las personas por las que menos quiero orar. Soy tu hijo, y quiero heredar tu capacidad de mostrar amor y misericordia en todo momento.

⁂

Pero yo les digo: Amen a sus enemigos y oren
por quienes los persiguen, para que sean hijos
de su Padre que está en el cielo.

MATEO 5.44-45

Cuando necesito perdonar
y liberarme del pasado

*S*eñor, ayúdame a amar a otras personas de la forma que tú las amas. Cuando estabas en la tierra, Jesús, tú amaste a los que te odiaron, te torturaron y te mataron. Los perdonaste sin vacilar. Ayúdame a hacer lo mismo. Ayúdame a perdonar aun a los que me hirieron, me odiaron o me han usado para su beneficio. Ayúdame a dejar el resentimiento y la amargura. Por sobre todo, quita cualquier pensamiento que pudiera tener de venganza o de desquitarme o aun de regocijarme por la caída de alguien. Ayúdame a verdaderamente amar y perdonar a mis enemigos. Sólo podré hacerlo por el poder de tu Espíritu.

—Padre —dijo Jesús—, perdónalos,
porque no saben lo que hacen.
Mientras tanto, echaban suertes para
repartirse entre sí la ropa de Jesús.

LUCAS 22.34

Cuando necesito perdonar
y liberarme del pasado

Señor, ayúdame a ser la clase de persona que permite que otros cambien o sean diferentes de lo que son en este momento. Ayúdame a orar por las personas más que juzgarlas. Quiero poder poner a las personas en tus manos y no quiero traer condenación sobre mí mismo al tenerlos aferrados con mi falta de perdón. Capacítame para perdonar a otros tantas veces como sea necesario, tal como tú has dicho en tu Palabra que hagamos.

Aun si peca contra ti siete veces en un día,
y siete veces regresa a decirte:
«Me arrepiento», perdónalo.

LUCAS 17.4

Cuando necesito perdonar
y liberarme del pasado

❧

Señor, tú me has perdonado muchas cosas. Has tomado mi pecado y lo has cubierto completamente con tu sangre. Y ahora mi pecado es como si nunca hubiera ocurrido. Ayúdame a recordar siempre que tu perdón me ha liberado para poder perdonar a otros tan completamente y dejarlos libres de *mí*.

Ayúdame para que nunca trate de que la gente esté sujeta a mí por no perdonarla. No quiero experimentar la enfermedad emocional que trae el no perdonar. Quiero conocer la libertad y la sanidad que viene cuando perdonamos.

❧

Dichoso aquel a quien se le perdonan sus transgresiones, a quien se le borran sus pecados.

SALMO 32.1

Cuando necesito perdonar
y liberarme del pasado

⊗

*S*eñor, quiero ser limpio de todas las cosas en mi vida que no son justas o santas. En forma especial, quiero confesarte cualquier falta de perdonar que pueda tener. Tráeme a la mente cualquier persona o cualquier cosa que debo poner en libertad por medio del perdón. Quiero estar libre de todo lo que no esté de acuerdo a tus caminos para mí, para poder salir del pasado y entrar al futuro que tienes para mí. Gracias porque cuando confieso mis pecados, tú eres fiel para perdonarme y limpiarme de toda maldad.

⊗

Si confesamos nuestros pecados, Dios,
que es fiel y justo, nos los perdonará
y nos limpiará de toda maldad.

1 JUAN 1.9

Cuando necesito perdonar
y liberarme del pasado

❧

*S*eñor, sé que no puedo vivir en santidad hasta que no haya confesado mi pecado delante de ti y haya recibido tu perdón completo. Tráeme a la mente cualquier cosa que esté haciendo o pensando que necesite confesártela ahora mismo. Si he permitido que mi mente vaya a lugares a los cuales no debe ir, muéstramelo y te lo confesaré. Si he hecho o dicho cosas que ofenden, o te he causado a ti o a otras personas sufrimiento, quiero arrepentirme de todo eso para poder ser hecho justo delante de ti y de quien quiera que sea que haya ofendido o herido. Ayúdame para estar completamente libre de todo pecado en mi vida para no tener que sufrir el dolor y la destrucción que trae el pecado.

❧

*Fíjate en mi aflicción y en mis penurias,
y borra todos mis pecados.*

Salmo 25.18

Cuando necesito perdonar
y liberarme del pasado

⌀

Señor, oro para que me ayudes a mostrarles misericordia a otras personas, de la misma manera que tú me la has mostrado a mí. Ayúdame a no juzgar o condenar a otros, sino que te pido que me capacites para escoger el sendero de la aceptación y el perdón. Quiero perdonar a otros para recibir perdón completo de ti y ser perdonado de mis propios pecados. Oro que ayudes a otras personas para que me perdonen las cosas que he hecho contra ellas, ya sean sin intención o no. Dame la capacidad para arreglar las cosas con la gente en forma rápida y completa.

⌀

¡Dichosos aquellos a quienes se les perdonan
las transgresiones y se les cubren los pecados!

Romanos 4.7

Cuando necesito perdonar
y liberarme del pasado

*S*eñor, sé que no puedo venir delante de ti en oración si tengo algo contra alguna persona y no la he perdonado. Si hay alguna situación como esta en mi vida, muéstramela ahora mientras oro o revélame a alguien a quien debo perdonar para poder hacerlo. No quiero impedir que tú me perdones mis pecados por no perdonar a otras personas como me has dicho que haga.

*Y cuando estén orando, si tienen algo contra
alguien, perdónenlo, para que también
su Padre que está en el cielo les perdone a
ustedes sus pecados.*

MARCOS 11.25

Cuando necesito perdonar
y liberarme del pasado

Señor, ayúdame para dejar el pasado en el pasado. Quiero hacer lugar para las cosas nuevas que tú estás haciendo en mi vida. Ayúdame a perdonarme a mí mismo por las veces en que he fracasado. Te entrego todos los recuerdos de eso a ti y te pido que los sanes. Muéstrame las cosas buenas que has traído de esas instancias o que traerás en el futuro. Gracias porque has hecho un sendero en el desierto en lo que concierne a mi pasado. Gracias por regar las zonas secas de mi vida con la corriente de tu Espíritu.

*Olviden las cosas de antaño; ya no vivan en el
pasado. ¡Voy a hacer algo nuevo!
Ya está sucediendo, ¿no se dan cuenta?
Estoy abriendo un camino en el desierto,
y ríos en lugares desolados.*

Isaías 43.18-19

Cuando necesito perdonar y liberarme del pasado

Querido Señor, te pido que me ayudes a olvidar los recuerdos malos y dolorosos de mi pasado. Cualquiera que sea el recuerdo negativo que ha tratado de atormentarme o controlarme, lo pongo en tus manos ahora mismo. Ayúdame a avanzar hacia todo lo que tienes para mí ahora y en el futuro. Te pido que me ayudes a leer mi pasado como se lee un libro de historia para poder aprender de él. Ayúdame para no vivir en el pasado ni un instante más.

Hermanos, no pienso que yo mismo lo haya logrado ya. Más bien, una cosa hago: olvidando lo que queda atrás y esforzándome por alcanzar lo que está delante, sigo avanzando.

FILIPENSES 3.13-14

Cuando necesito perdonar
y liberarme del pasado

Señor, sé que nunca voy a encontrar la sanidad que tienes para mí si ato mi vida a la falta de perdón. Ayúdame a perdonar a las personas y a colocarlas en tus manos. Revélame cualquier cosa que debo ver que me esté manteniendo la mente y el corazón en el pasado. No quiero experimentar la tortura que se produce en la mente, el alma y el cuerpo cuando hay amargura y falta de perdón. Ayúdame a librarme de todos los malos recuerdos para estar completamente libre del pasado y caminar sin impedimentos en mi futuro contigo.

*Y enojado, su señor lo entregó a los carceleros
para que lo torturaran hasta que pagara todo
lo que debía. Así también mi Padre celestial
los tratará a ustedes, a menos que cada uno
perdone de corazón a su hermano.*

MATEO 18.34-35

Cuando en mi corazón necesito esperanza y gozo

☙

*S*eñor, ayúdame a no fijarme en las vidas de otros y pensar que a la mía le falta algo. Ayúdame a no envidiar a otras personas que parece que no sufren como yo o que no luchan tanto como yo. Ayúdame para no permitir que la autocompasión domine mis emociones. Gracias, Señor, porque mi esperanza está en ti. Nunca será destruida porque voy a estar contigo eternamente.

☙

No envidies en tu corazón a los pecadores; más bien, muéstrate siempre celoso en el temor del Señor. Cuentas con una esperanza futura, la cual no será destruida.

PROVERBIOS 23.17-18

Cuando en mi corazón necesito esperanza y gozo

Señor, te doy gracias por tu Palabra porque me da consuelo y esperanza. Cuando pierdo las esperanzas o me desaliento, te pido que me ayudes a entender mejor tu Palabra y que me capacites para apropiarme de toda la esperanza que se encuentra en ella. Ayúdame a conocerte mejor para entender completamente que mi esperanza suprema se encuentra en ti. La esperanza que encuentro en tu Palabra le trae gozo a mi corazón.

Todo lo que se escribió en el pasado se escribió para enseñarnos, a fin de que, alentados por las Escrituras, perseveremos en mantener nuestra esperanza.

ROMANOS 15.4

Cuando en mi corazón necesito esperanza y gozo

~

Gracias, Jesús, porque tú pagaste el precio supremo para que yo pudiera ser redimido y tener gozo perpetuo. Debido al gozo que pusiste en mi corazón, el sufrimiento y la angustia han huido de mí. Señor, te pido que quites toda la pesadez de mi alma y que me unjas con óleo de alegría ahora mismo. Quita todas las preocupaciones y las inquietudes que están en mí, y reemplázalas con gozo eterno.

~

Volverán los rescatados del Señor,
y entrarán en Sión con cánticos de júbilo;
su corona será el gozo eterno. Se llenarán de
regocijo y alegría, y se apartarán de ellos el
dolor y los gemidos.

Isaías 51.11

Cuando en mi corazón necesito esperanza y gozo

❧

*S*eñor, te entrego este día, y todo lo que hay en él. Este es el día que tú has hecho, y me gozaré y me alegraré en él. Me rehúso a pensar en nada que sea negativo. Ayúdame para no darles lugar en mi vida al temor o a la depresión. No voy a temer ninguna parte de este día sino que en él solo encontraré gozo, paz y propósito. Gracias, Señor, por todo lo que este día me presenta, porque sé que todo es bueno.

❧

Éste es el día en que el SEÑOR *actuó;*
regocijémonos y alegrémonos en él.

SALMO 118.24

Cuando en mi corazón necesito esperanza y gozo

⌒

Señor, ayúdame a recordar todo lo que has hecho por mí. Tú has estado a mi lado ayudándome cuando más te necesitaba. Ayúdame a no dudar que continuarás estando a mi lado en el futuro. Me acerco a ti y me oculto en la sombra de tus alas, las cuales siempre serán un lugar de refugio para mí. Me regocijo y te doy gracias y alabanza porque tengo este lugar eterno de seguridad en ti.

⌒

A la sombra de tus alas cantaré,
porque tú eres mi ayuda.

Salmo 63.7

Cuando en mi corazón necesito esperanza y gozo

❧

 *S*eñor, he aprendido a buscarte temprano. No sólo temprano de mañana sino también temprano en cada situación que se presenta. Ayúdame a poner mi esperanza en ti de inmediato en todas las circunstancias, para que el desaliento nunca eche raíces. Ayúdame a meditar en tu Palabra todos los días, para poder encontrar la esperanza que se encuentra dentro de ella. Haz que cobre vida en mi corazón para que la pueda entender y retener. Cuando clamo a ti pidiendo ayuda, tengo la confianza de que me responderás. Es por eso que mi esperanza siempre está en ti.

❧

Muy de mañana me levanto a pedir ayuda;
en tus palabras he puesto mi esperanza.

SALMO 119.147

Cuando en mi corazón necesito esperanza y gozo

❦

Señor, te pido que el fruto del Espíritu se manifieste con poder en mi corazón y en mi vida. Lléname de tu amor, tu paz y tu gozo. Capacítame para ser paciente, amable y bondadoso. Enséñame a ser fiel y apacible, y ayúdame a tener dominio propio en todo momento. Señor, controla mi vida de tal forma que todas estas cualidades sean reveladas en mí y que otros las puedan ver con claridad. Que en todas sus esferas, mi vida sea fructífera hoy.

❦

El fruto del Espíritu es amor, alegría, paz,
paciencia, amabilidad, bondad, fidelidad,
humildad y dominio propio. No hay ley que
condene estas cosas.

GÁLATAS 5.22-23

Cuando en mi corazón necesito esperanza y gozo

✑

*S*eñor, ha habido momentos en mi vida cuando no he conseguido todo lo que esperaba y por lo cual había estado orando, y me angustié por eso. Sin embargo, ahora sé que mi esperanza está sólo en ti. Lo que quieres que tenga, eso es lo que traerás a mi vida a medida que camino cerca de ti. Lo que no pertenece a mi vida, sé que lo quitarás. Ayúdame para confiar plenamente en ti sin importar lo que suceda. Ayúdame a recordar que puesto que mi esperanza está en ti, nunca seré separado de las bendiciones que tienes para mí.

✑

La esperanza frustrada aflige al corazón;
el deseo cumplido es un árbol de vida.

PROVERBIOS 13.12

Cuando en mi corazón necesito esperanza y gozo

Querido Señor, elevo mis ojos a ti y a ningún otro. Ayúdame a estar cerca de ti, porque sé que si lo hago, siempre estaré parado en suelo firme. Sin importar lo que suceda hoy, ayúdame a mantener el corazón y la mente enfocados en ti. Sin importar lo que trate de sacudir mi vida, sé que tú tienes control de todo lo que me sucede. Tu presencia me trae gozo, alegría y paz porque tengo mi esperanza puesta en ti.

*Siempre tengo presente al Señor; con él
a mi derecha, nada me hará caer. Por eso
mi corazón se alegra, y se regocijan mis
entrañas; todo mi ser se llena de confianza.*

Salmo 16.8-9

Cuando en mi corazón necesito esperanza y gozo

✧

Dios, te alabo hoy y proclamo que tú eres Señor de mi vida. Gracias por tu misericordia y amor por mí. Aun cuando estoy pasando por una noche oscura en el alma y tengo lágrimas que parecen no cesar, sé que vendrá una nueva mañana y el gozo me llenará de nuevo el corazón. Te pido que hagas desaparecer toda la opresión que amenaza tomar posesión de mí. Lléname de nuevo con tu gozo y tu amor.

✧

Canten al Señor, ustedes sus fieles;
alaben su santo nombre. Porque sólo un
instante dura su enojo, pero toda una vida su
bondad. Si por la noche hay llanto,
por la mañana habrá gritos de alegría.

Salmo 30.4-5

Cuando en mi corazón necesito esperanza y gozo

Señor, te doy gracias porque me compraste por precio y tengo un futuro eterno contigo. Aun cuando tal vez experimente tiempos de dolor, cuanto te canto alabanzas, tu gozo y tu paz me llenan el corazón. Derrama hoy en mí una porción más grande de tu gozo y alegría para que rebose y alcance a las personas con las que me encuentre hoy. Ayúdame a cantar tu alabanza en mi corazón, aunque tenga que ser en silencios en ese momento. Gracias porque mi esperanza descansa en ti, y tu gozo en mí es eterno.

*Y volverán los rescatados por el Señor,
y entrarán en Sión con cantos de alegría,
coronados de una alegría eterna. Los
alcanzarán la alegría y el regocijo, y se
alejarán la tristeza y el gemido.*

Isaías 35.10

Cuando en mi corazón necesito esperanza y gozo

❧

Señor, a veces no sé qué es lo que debo hacer en la vida. A veces no sé si puedo hacer lo que sé que debo hacer o lo que siento que me has llamado a hacer. Pero la promesa en tu Palabra a los que te siguen es que marcharemos con paz y que las cosas se aclararán y obrarán para bien. Oro que me des paz y gozo como una señal de que me estoy moviendo en la dirección correcta. Te doy gracias de antemano por hacer que las cosas obren para bien en mi vida.

❧

*Ustedes saldrán con alegría y serán guiados
en paz. A su paso, las montañas y las colinas
prorrumpirán en gritos de júbilo y aplaudirán
todos los árboles del bosque.*

Isaías 55.12

Cuando en mi corazón necesito esperanza y gozo

❧

$\mathcal{Q}$uerido Dios, ayúdame a tener siempre un corazón limpio delante de ti. Ayúdame a hacer lo que tengo que hacer para vivir de acuerdo a tus estatutos.

Haz brillar tu luz en mi sendero y guíame en el camino que tienes para mí. Gracias por la alegría de corazón que me das cada vez que pienso en ti. Alabo tu nombre y te exalto por encima de todas las cosas en el mundo y en mi vida.

❧

La luz se esparce sobre los justos,
y la alegría sobre los rectos de corazón.
Alégrense en el Señor, ustedes los justos,
y alaben su santo nombre.

Salmo 97.11-12

Cuando en mi corazón necesito esperanza y gozo

✿

Querido Señor, te alabo y te adoro por encima de todo. Gracias por habitar en mi alabanza, porque es sólo en tu presencia que puedo experimentar la plenitud del gozo que se puede encontrar en la tierra. Invito a que tu presencia more en mi vida de una manera más grande que nunca antes. Te pido que camines conmigo y que me guíes de la forma en que quieres que vaya. Ayúdame a estar cerca de ti para nunca salir de los planes que tienes para mí. Estar contigo trae esperanza y gozo a mi corazón. Estar en la presencia de tu santidad trae sanidad a mi vida.

✿

Pero tú eres santo, tú eres rey,
¡tú eres la alabanza de Israel!

SALMO 22.3

Cuando en mi corazón necesito esperanza y gozo

Señor, no hay nada que me traiga tanto gozo como alabarte. No hay nada tan satisfactorio, sanador o que produzca tanta luz en mi vida como alabarte. Cuando te adoro, estoy invitando a que tu presencia more en mi vida con más plenitud. Gracias porque cuando estoy en tu presencia, tú te manifiestas en mi vida. Derramas todo lo que eres en mi alma y mi espíritu. Cuando estoy en tu presencia puedo sentir tu plenitud, la cual llena mi alma. Ayúdame a recordar alabarte a la primera señal de desesperación o falta de gozo. Te pido que me ayudes a alabarte como la primera respuesta a todo lo que sucede en mi vida.

Ellos, entonces, lo adoraron y luego regresaron a Jerusalén con gran alegría.

LUCAS 24.52

Cuando en mi corazón necesito esperanza y gozo

⊂℥

Querido Señor, vengo delante de ti con un corazón humilde y agradecido por todo lo que has hecho por mí. Gracias porque eres un Dios que me da más de lo que merezco. Te pido que quites cualquier tristeza o peso de mi corazón hoy y que, en cambio, hagas que el gozo lo inunde. Que tu gozo aumente tanto en mí que haga salir todo lo que es negativo. Sana todos los puntos en que mi alma está quebrantada y restaura lo que he perdido, para que pueda avanzar a la plenitud que tienes para mí.

⊂℥

Los pobres volverán a alegrarse en el Señor,
los más necesitados se regocijarán
en el Santo de Israel.

Isaías 29.19

Cuando en mi corazón necesito esperanza y gozo

Señor, elevo a ti todas mis preocupaciones y cualquier esfera de mi vida en la que haya desasosiego. Te pido que quites esta carga de mí y que traigas tu gozo y tu paz a mi vida. Mi esperanza está en ti, y te alabo por tu mano de bendición en mí. Te doy gracias, porque cuando elevo mi vista a ti, haces brillar la luz de tu rostro en mí y en el sendero por el cual debo caminar. Mi esperanza está en ti, y no miraré a nadie más para que me guíe.

¿Por qué voy a inquietarme? ¿Por qué me voy a angustiar? En Dios pondré mi esperanza y todavía lo alabaré. ¡Él es mi Salvador y mi Dios!

SALMO 42.5

Cuando en mi corazón necesito esperanza y gozo

Señor, ayúdame a ser tan fuerte en ti que mi esperanza nunca vacile. Ayúdame para que nunca pierda la esperanza, aun cuando parezca que no has escuchado mis oraciones, o cuando las cosas no salen como oré que salieran. Confío en ti para que respondas mis oraciones de acuerdo a tus caminos y en tu tiempo. Dame paciencia para que espere en ti con fe, sabiendo que no me dejarás para siempre en el lugar en que estoy. Confío en que cuando las cosas cambien, va a ser para mejorar. Tengo gozo porque mi esperanza está en ti.

Pero yo siempre tendré esperanza,
y más y más te alabaré.

Salmo 71.14

Cuando en mi corazón necesito esperanza y gozo

Señor, tú eres mi Dios de esperanza. Mi esperanza está en ti y encuentro esperanza en tu Palabra. Te pido que me llenes de tu esperanza, tu gozo y tu paz para que me sienta fortalecido y me mantenga firme. Ayúdame a no vacilar ni sentirme débil en ninguna de estas esferas cuando suceden cosas difíciles. Sin importar lo negativa que pueda ser la gente que me rodea, ayúdame a mantenerme firme en la esperanza, el gozo, la paz y la fe, que son atributos positivos. Por el poder de tu Espíritu, ayúdame para que mi amor rebose en otras personas todos los días.

Que el Dios de la esperanza los llene de toda
alegría y paz a ustedes que creen en él,
para que rebosen de esperanza
por el poder del Espíritu Santo.

ROMANOS 15.13

Cuando en mi corazón necesito esperanza y gozo

Señor, pongo mi confianza en ti y te doy gracias porque eres mi defensor y mi protector. Te pido que me protejas de todos los peligros e influencias malignas. Defiéndeme de todos los planes del enemigo para destruir mi vida. Te amo, Señor, y pongo mi confianza en ti. Me da mucho gozo saber que escuchas mis oraciones y que las contestarás porque te amo y porque honro tu nombre.

*Pero que se alegren todos los que en ti buscan
refugio; ¡que canten siempre jubilosos!
Extiende tu protección, y que en ti se regocijen
todos los que aman tu nombre.*

SALMO 5.11

Cuando en mi corazón necesito esperanza y gozo

Señor, confieso que mi esperanza siempre está en ti. Ayúdame para que me aferre a ti y para no vacilar, sin importar lo que esté sucediendo dentro o alrededor de mí.

Sin tener en cuenta las tormentas que se puedan levantar, no permitas que sea sacudido ni llevado hacia la duda. Confío en tu Palabra y en las promesas que en ella tienes para mí. Gracias porque siempre eres fiel para cumplir tus promesas. Dame la paciencia, la paz y la confianza para esperar por tu tiempo perfecto en todas las cosas.

*Mantengamos firme la esperanza
que profesamos, porque fiel es el que
hizo la promesa.*

HEBREOS 10.23

Cuando en mi corazón necesito
esperanza y gozo

☙

*S*eñor, me encanta experimentar el placer de tu compañía, porque encuentro gozo en tu presencia. Lléname de nuevo con tu Espíritu Santo ahora mismo para que tu gozo se eleve en mi corazón y quite toda la tristeza y la opresión. Sé que el gozo no depende de las circunstancias; depende de mi disposición para permitir que el Espíritu Santo tenga control de mi vida. Señor, te entrego mi vida a ti hoy. Que pueda ser conocido como alguien que tiene gran gozo.

☙

Me has dado a conocer la senda de la vida;
me llenarás de alegría en tu presencia,
y de dicha eterna a tu derecha.

SALMO 16.11

Cuando en mi corazón necesito esperanza y gozo

Señor, mi esperanza descansa en ti, porque soy tu hijo. Purifica mi corazón y cada día hazme más como tú, para que pueda llegar a ser todo lo que quieres que sea. Que la esperanza inunde mi corazón con tanto poder que no importa lo que suceda, no tropezaré; al contrario, elevaré mis ojos a ti como la respuesta a todas mis necesidades. Que tu esperanza y tu gozo, que están en mi corazón, me traigan la paz, el contentamiento y la sanidad que nunca pensé que fuera posible.

Queridos hermanos, ahora somos hijos de Dios, pero todavía no se ha manifestado lo que habremos de ser. Sabemos, sin embargo, que cuando Cristo venga seremos semejantes a él, porque lo veremos tal como él es. Todo el que tiene esta esperanza en Cristo, se purifica a sí mismo, así como él es puro.

1 Juan 3.2-3

Cuando en mi corazón necesito esperanza y gozo

✑

*S*eñor, decido creer en tu Palabra, la cual dice que porque te he recibido y te sigo, tendré paz, amor y gozo. Cuando no me sienta en paz, ni esté sintiendo tu amor y tu gozo, ayúdame para no confiar en mis sentimientos. Ayúdame a confiar en tu Palabra y a que no permita que una obra del enemigo me robe todo lo que tienes para mí. Quita de mi mente cualquier pensamiento erróneo para que pueda entrar en el gozo y la esperanza que tienes para mí.

✑

Cobren ánimo y ármense de valor,
todos los que en el Señor esperan.

Salmo 31.24

126

Cuando necesito ser liberado de la culpa y la condenación

❧

*S*eñor, quiero siempre obedecer tus mandamientos y hacer lo que te agrada. Muéstrame cuando no lo haga. Ayúdame a resistir la tentación a hacer el mal y capacítame para hacer lo correcto. Enséñame a que el pecado me repugne. No quiero vivir con un corazón pesado por la condenación. Quiero que mi corazón siempre esté limpio delante de ti. No quiero restringir la contestación a mis oraciones ni limitar lo que puedo recibir de ti por no andar por tus caminos. Ayúdame a hacer lo que es agradable ante tus ojos.

❧

*Recibimos todo lo que le pedimos porque
obedecemos sus mandamientos
y hacemos lo que le agrada.*

1 JUAN 3.22

Cuando necesito ser liberado de la culpa y la condenación

❧

*S*eñor, sé que la culpa y la condenación son pesos que no fueron hechos para cargarlos sobre mis hombros. Esta clase de peso quebranta mi vida en lugar de edificarla. No quiero nada que me separe de la sanidad y la restauración que tienes para mí. Muéstrame cualquier pecado en mi vida para confesarlo, arrepentirme de él y encontrar el refrigerio que tienes para mí.

❧

Por tanto, para que sean borrados sus pecados,
arrepiéntanse y vuélvanse a Dios,
a fin de que vengan tiempos de descanso
de parte del Señor.

Hechos 3.19

Cuando necesito ser liberado de la culpa y la condenación

❦

Señor, te confieso todos los pecados que cometo cuando pienso, hablo o actúo. Tráeme ahora mismo a la mente cualquier cosa que haya hecho que no te causa placer o que ha contristado tu Espíritu, para que me pueda arrepentir y ser liberado. No quiero que la culpa y la condenación perjudiquen mi adoración completa a ti ni a mi habilidad para ser un faro de tu luz para otras personas. Quiero tener manos limpias e inocentes, como dice tu Palabra, para poder venir ante tu trono en alabanza y agradecimiento.

❦

Con manos limpias e inocentes camino,
Señor, en torno a tu altar, proclamando
en voz alta tu alabanza
y contando todas tus maravillas.

Salmo 26.6-7

Cuando necesito ser liberado
de la culpa y la condenación

Señor, crea en mí un corazón limpio y libra mi vida de la culpa y la condenación. Sé que has provisto un camino para ser libre de la condenación y la culpa a través de la confesión y el arrepentimiento. Si tengo pecado que confesar, revélamelo. Siempre quiero tener un corazón limpio delante de ti. Si ya he confesado y me he arrepentido de las cosas por las cuales me siento culpable, reconozco que esta condenación viene del enemigo de mi alma, que quiere poner esa carga aplastante sobre mí. Gracias, Señor, porque me has liberado de esa carga y puedo vivir confiado en tu amor por mí.

Queridos hermanos, si el corazón no nos condena, tenemos confianza delante de Dios.

1 JUAN 3.21

Cuando necesito ser liberado de la culpa y la condenación

Señor, dame sabiduría acerca de las cosas que «apruebo» o «acepto» en mi vida. Si he contemporizado con tus leyes de alguna forma, muéstramelo para que pueda arreglar las cosas. Revélame todo mi pecado para que lo pueda confesar delante de ti. Si tengo sentimientos de culpabilidad por algo —algo que quisiera no haber hecho o que no hice—, ayúdame a entregarlos en tus manos para poder ser librado de la carga de ellos. Quita cualquier peso de culpa de mi vida. Quiero vivir completamente libre de la condenación.

Así que la convicción que tengas tú al respecto, mantenla como algo entre Dios y tú. Dichoso aquel a quien su conciencia no lo acusa por lo que hace.

ROMANOS 14.22

Cuando necesito ser liberado
de la culpa y la condenación

❧

*S*eñor Jesús, gracias porque no has venido a la tierra para condenarme, sino para salvarme. Ayúdame a recordar tu salvación y la gran misericordia que has traído a mi vida. Ayúdame a enfocarme en la libertad que tengo en ti y a rehusarme a permitir que el enemigo me haga sentir la carga de la culpa por cosas por las que has pagado el precio para que yo sea libre de ellas. Gracias por salvarme y redimirme, y por restaurar mi vida completamente.

❧

Dios no envió a su Hijo al mundo para
condenar al mundo, sino para salvarlo
por medio de él.

JUAN 3.17

Cuando necesito ser liberado de la culpa y la condenación

Señor, tú eres mi Redentor. Tú has redimido mi alma del abismo del infierno. Gracias por tu Palabra que dice que porque yo he confiado en ti, no seré condenado. Nunca más tendré que vivir sintiendo culpa. Así que hoy te pido que me liberes de cualquier culpa que sienta por cosas que han sucedido en el pasado. Ayúdame a perdonarme a mí mismo por fracasos pasados. Son cargas demasiado pesadas para que las lleve. Gracias porque redimes todas las cosas.

El Señor libra a sus siervos; no serán condenados los que en él confían.

Salmo 34.22

Cuando necesito ser liberado de la culpa y la condenación

✿

Querido Señor, te doy gracias porque eres un Dios misericordioso conmigo.

Perdóname si alguna vez no he mostrado esa misma misericordia a otros. No quiero ser una persona que no perdona o hace algo que tú no quieres que haga. Tráeme a la mente cualquier ocasión en que no haya sido misericordioso para confesarlo como pecado. Quiero ser liberado de toda la condenación y la culpa que trae consigo ese pecado.

✿

Porque habrá un juicio sin compasión
para el que actúe sin compasión.
¡La compasión triunfa en el juicio!

SANTIAGO 2.13

Cuando necesito ser liberado
de la culpa y la condenación

❧

Señor, aun cuando trato de hacer lo correcto, a menudo fracaso. Ayúdame a vencer mi naturaleza pecaminosa por el poder de tu Espíritu y la verdad de tu Palabra. Ayúdame a no sumirme en lástima por mí mismo, lamentándome por mis propios fracasos e insuficiencias. Ayúdame a no decir o hacer algo que sea totalmente egoísta por querer satisfacer mis propios deseos. Ayúdame a tener una conciencia limpia delante de ti y de otras personas en todo momento.

❧

En todo esto procuro conservar siempre limpia
mi conciencia delante de Dios y de los hombres.

Hechos 24.16

Cuando necesito ser liberado de la culpa y la condenación

$\sim$

Querido Jesús, te agradezco de todo corazón porque debido a que te recibí, has perdonado todos mis pecados, y no hay más condenación para mí. Cualquier culpa o condenación que siento es debido al enemigo de mi alma o porque en mi vida hay algún pecado no confesado. Ayúdame a confesarte de inmediato cualquier pecado que haya en mi vida. Capacítame para caminar todos los días en el Espíritu y no en la carne.

$\sim$

Por lo tanto, ya no hay ninguna condenación
para los que están unidos a Cristo Jesús …
[los que no viven] según la naturaleza
pecaminosa sino según el Espíritu.

ROMANOS 8.1, 4

Cuando necesito ser liberado
de la culpa y la condenación

*Q*uerido Señor, sé que soy responsable por las cosas que hago, pienso y digo, pero todavía necesito tu ayuda para hacer, pensar y decir las cosas que bendicen a otros y glorifican tu nombre. Te pido que me ayudes a no criticar a otras personas. No quiero traer condenación sobre mí mismo, especialmente cuando ha sido sólo por tu gracia que he escapado de las trampas del pecado. Ayúdame a edificar, alentar y orar por las personas que me hieren.

Por tanto, no tienes excusa tú, quienquiera que seas, cuando juzgas a los demás, pues al juzgar a otros te condenas a ti mismo, ya que practicas las mismas cosas.

Romanos 2.1

Cuando necesito ser liberado de la culpa y la condenación

Señor, estoy tan agradecido por mi vida en Cristo. Gracias porque la ley del Espíritu de vida me ha libertado de la ley del pecado y de la muerte. Ahora no tengo que sufrir las consecuencias del pecado, sino que puedo disfrutar de una vida plena vivida en el Espíritu en lugar de una vida cada vez más inferior en la carne. Capacítame para tomar las decisiones correctas para estar libre de culpa y llegar a tener más vida cada día.

Pues por medio de él la ley del Espíritu de vida me ha liberado de la ley del pecado y de la muerte.

Romanos 8.2

Cuando necesito liberación
y restauración

☙

$\mathcal{S}$eñor, te pido que me libres de cualquier cosa que no debe ser parte de mi vida. Te invito a que purifiques y limpies mi corazón y me liberes de todo lo que me impide la vida de plenitud y propósito que tienes para mí. Restáurame lo que he perdido como tú sólo lo puedes hacer. Cuando pase por el fuego, lléname con tu Espíritu hasta rebosar para poder sentirme refrescado. Cuando sienta que estoy luchando para permanecer fuera del agua, levántame por encima de mis circunstancias y llévame seguro a la ribera.

☙

Las caballerías nos han aplastado la cabeza;
hemos pasado por el fuego y por el agua,
pero al fin nos has dado un respiro.

SALMO 66.12

139

Cuando necesito liberación y restauración

~

*S*eñor, ayúdame a compartir con otros todo lo que has hecho para traer restauración a mi vida. Ayúdame para hablar de la libertad que experimento o que *experimentaré* en mi alma en el futuro. Redime todas las esferas que hayan sido quebrantadas. Restaura todo lo que haya sido perdido. Renueva las cosas en mi vida que estén deterioradas o débiles, y hazme un testimonio de la plenitud que tienes para todos los que te siguen. Te pido que continúes haciendo cosas grandes en mí.

~

Vengan ustedes, temerosos de Dios,
escuchen, que voy a contarles todo lo
que él ha hecho por mí.

SALMO 66.16

Cuando necesito liberación y restauración

⚜

*S*eñor, te doy gracias porque sé que cualquiera que sea la cosa que me mantiene aherrojado en la vida, tú tienes las llaves para ponerme en libertad. Cuando me sienta oprimido, tú traerás justicia. Y cuando tenga necesidad, tú la suplirás. Sin ti soy prisionero de mis necesidades y de las consecuencias de mi pecado. Te pido que me liberes de lo que sea que me impida llegar a ser la persona que quieres que sea.

⚜

Dichoso aquel cuya ayuda es el Dios de Jacob,
cuya esperanza está en el Señor su Dios,
creador del cielo y de la tierra ... El Señor
hace justicia a los oprimidos, da de comer a los
hambrientos y pone en libertad a los cautivos.

Salmo 146.5-7

Cuando necesito liberación
y restauración

⌘

*S*eñor, te pido que me libres de todo lo que me separe de ti y no me permita vivir la vida que tienes para mí. Gracias porque has librado mi alma de todo lo que guiaría a mi destrucción. Te pido que continúes librándome de todo lo que me puede perjudicar y destruir. Líbrame de la muerte, el fracaso y la destrucción. También líbrame de las cosas que me puedan traer sufrimiento y hacer que mi vida sea perjudicada de alguna forma. Colócame en tierra firme en el centro de tu voluntad.

⌘

Tú me has librado de la muerte, has enjugado
mis lágrimas, no me has dejado tropezar.

SALMO 116.8

Cuando necesito liberación
y restauración

Gracias, Señor, porque tú eres un Dios que redime y restaura. Gracias porque estás restaurando mi alma. Sin la liberación y la restauración que has obrado en mi vida, no quiero ni siquiera imaginar dónde estaría hoy. Continúa guiándome por tu senda de justicia para tu gloria, y para que pueda llegar a ser más semejante a ti. Te pido que continúes tu obra de liberación en mí y que traigas restauración a mi vida hasta que alcance la plenitud, tal como quieres que sea.

Me infunde nuevas fuerzas. Me guía por
sendas de justicia por amor a su nombre.

SALMO 23.3

Cuando necesito liberación
y restauración

❧

*S*eñor, gracias porque me has salvado y no tengo que vivir ni esta vida —ni mi vida en la eternidad— sin ti. Gracias porque has redimido mi pasado y me has dado un futuro eterno contigo. Cualquier cosa que haya hecho fuera de tu voluntad o sin considerar tu guía, la confieso como pecado y te pido que me perdones y me restaures a lo que debo ser. Gracias por tu bondad y tus misericordias eternas para conmigo. Líbrame de cualquier cosa que me separe de ti.

❧

Por un momento, en un arrebato de enojo,
escondí mi rostro de ti; pero con amor eterno
te tendré compasión
—dice el Señor, tu Redentor.

Isaías 54.8

Cuando necesito liberación
y restauración

❧

*S*eñor, te amo y te ofrezco reverencia, y te doy gracias por ser tu hijo. Tú eres mi Padre celestial que me ama, tu amor es el fundamento de mi vida. Tú eres la roca sobre la cual me mantengo firme. Te pido que obres una gran liberación en mí, y que me ayudes a dejar todas las cosas de las cuales debo ser liberado hoy. Revélame cualquier cosa que todavía no he reconocido como atadura. Eres mi libertador. Abre mis ojos para que vea todas las cosas en mi vida que no provienen de ti, para poder recibir liberación.

❧

Yo lo libraré, porque él se acoge a mí;
lo protegeré, porque reconoce mi nombre.

Salmo 91.14

Cuando necesito liberación y restauración

Señor, me doy cuenta de que puedo hacer todo lo que sé que se puede hacer en la carne para batallar contra las cosas que me atan, pero es sólo tu poder liberador el que me puede liberar en realidad. Es por eso que hoy me vuelvo a ti y te pido que me libres de cualquier cosa en mí y en mi vida que me separe de ti o que impida que llegue a ser todo lo que quieres que sea. Restáurame todo lo que he perdido de los días en que no vivía para ti. Restaura todo lo que el enemigo haya robado de mi vida.

Se alista al caballo para el día de la batalla,
pero la victoria depende del SEÑOR.

PROVERBIOS 21.31

Cuando necesito liberación
y restauración

❦

Señor, tú eres el único en todo el mundo que restaura a sus hijos a la plenitud. Ayúdame para que no haga nada que pueda impedir que hagas eso en mí. No quiero ser la clase de persona que te desobedece sin arrepentirse o sin hacer un esfuerzo por cambiar. Si estoy atascado en algún lugar, o estoy aprisionado en mi alma, libérame hoy. No quiero ser presa del enemigo ni ser despojado de todo lo que tienes para mí. Libérame y restáurame para llegar a ser la persona que quieres que sea.

❦

Pero éste es un pueblo saqueado y despojado,
todos atrapados en cuevas o encerrados en
cárceles. Son saqueados, y nadie los libra; son
despojados, y nadie reclama.

Isaías 42.22

Cuando necesito liberación
y restauración

❧

*S*eñor, te doy gracias porque eres mi Redentor, eres mi Creador, el que ha creado todas las cosas. Gracias porque eres un Dios que restaura y porque puedo ser edificado y restaurado a plenitud. Gracias porque puedo ser lleno hasta rebosar de tu amor sanador y de tu bondad. Señor, te pido que tomes los pedazos rotos de mi vida y que con ellos hagas algo hermoso. Toma todo lo que haya sido malgastado en mi vida y cámbialo para que llegue a ser algo que obre para bien.

❧

Así dice el Señor, tu Redentor, quien te formó en el seno materno …. Yo digo que Jerusalén será habitada, que los pueblos de Judá serán reconstruidos; y sus ruinas las restauraré.

Isaías 44.24-26

Cuando necesito liberación
y restauración

$\mathcal{S}$eñor, quita de mí todo egoísmo, temor, dudas, enojo y todo deseo de pecar contra ti de cualquier forma. Muéstrame cualquier lugar en mi vida en el cual haya pecado, para que pueda confesártelo, renunciar a él, arrepentirme y volverme a ti. Sé que no puedo hacer lugar en mi corazón para tu reino si no hago lugar para la forma en que tú quieres que viva. Líbrame de todas las cosas que impiden que reciba todo lo que tienes para mí.

En aquellos días se presentó Juan el Bautista
predicando en el desierto de Judea.
Decía: «Arrepiéntanse, porque el reino de los
cielos está cerca».

MATEO 3.1-2

Cuando necesito liberación
y restauración

⌘

Señor, líbrame de las manos del enemigo. Sálvame de sus planes malvados para destruir mi vida. Confío en ti y te pido que me ayudes a estar libre de cualquier cosa o cualquier persona que pueda hacerme daño. Te doy gracias porque eres mi protector y el que libera mi alma. Si alguna vez siento la tentación de salirme de la cobertura de tu protección, también líbrame de esa tentación. Gracias por restaurarme a la plenitud absoluta.

⌘

El Señor los ayuda y los libra;
los libra de los malvados y los salva,
porque en él ponen su confianza.

Salmo 37.40

Cuando necesito liberación y restauración

⚜

Señor, tú eres mi Salvador y mi Libertador, necesito que me salves y me libres ahora mismo. Líbrame de mis temores y reemplázalos con nueva fe. Líbrame de mi manera antigua de pensar y reemplaza mis pensamientos con los tuyos. Quita de mí los recuerdos que no sirven para un buen propósito en mi vida. Reemplázalos con recuerdos de tu bondad conmigo. Ayúdame a aprender a alabarte y adorarte por todo lo que eres para mí. Ayúdame a recordar darte gracias a menudo durante el día por todo lo que estás haciendo en mi vida.

⚜

Por favor, Señor, ¡ven a librarme! ¡Ven pronto, Señor, en mi auxilio!

Salmo 40.13

Cuando necesito liberación
y restauración

❧

*S*eñor, sin ti soy pobre de espíritu, pero contigo soy rico y mi alma prospera. Te pido que me ayudes en mi tiempo de necesidad. Derrama tu Espíritu otra vez en mi corazón y ayúdame a experimentar completa liberación y restauración en mi vida. Confieso que me siento impaciente porque quiero experimentar libertad y sanidad completa en mi vida ahora. Dame paciencia para esperar por tu tiempo perfecto para todas las cosas.

❧

Y a mí, pobre y necesitado, quiera el Señor
tomarme en cuenta. Tú eres mi socorro y mi
libertador; ¡no te tardes, Dios mío!

SALMO 40.17

Cuando necesito liberación
y restauración

❧

*S*eñor, gracias por la verdad de tu Palabra. Tu verdad me libera de todas las mentiras del enemigo, que ha tratado de cegar mi vida con evidencias falsas contra mí. Ayúdame a conocer más y más acerca de tu verdad. Dame más conocimiento de tu Palabra para poder refutar siempre las mentiras del diablo. Ayúdame a entender claramente la Biblia todas las veces que la leo para que tu Palabra y tu verdad vivan en mí y yo pueda ser verdaderamente tu discípulo.

❧

Jesús se dirigió entonces a los judíos que habían creído en él, y les dijo: —Si se mantienen fieles a mis enseñanzas, serán realmente mis discípulos; y conocerán la verdad, y la verdad los hará libres.

JUAN 8.31-32

Cuando necesito liberación
y restauración

☙

Querido Jesús, te doy gracias porque por tu propia voluntad fuiste apresado y crucificado para que yo pudiera ser libre. Y sé que no sólo me has librado de la muerte eterna y del infierno sino que también continúas librándome todos los días en formas diferentes. Gracias, Señor, porque cuando me liberas, es una obra completa y nunca más tengo que estar atado a aquello de lo cual me liberaste. Ayúdame a vivir en la libertad, liberación y restauración que tienes para mí hoy. Necesito estar libre hoy.

☙

Así que si el Hijo los libera, serán ustedes
verdaderamente libres.

JUAN 8.36

Cuando necesito liberación
y restauración

❦

*S*eñor, te doy gracias por la libertad que me has dado. Tú me has librado de tantas cosas ya, y sé que continuarás librándome de cosas de las que ni siquiera estoy consciente ahora. Líbrame hoy de cualquier yugo de esclavitud en mi vida y ayúdame a mantenerme firme cuando el enemigo trate de tenderme una trampa. No permitas que nunca más sea puesto en la esclavitud de la cual me has liberado.

❦

Cristo nos libertó para que vivamos
en libertad. Por lo tanto, manténganse firmes
y no se sometan nuevamente
al yugo de esclavitud.

GÁLATAS 5.1

Cuando necesito liberación
y restauración

❧

Señor, me refugio en ti y te pido que me apartes del peligro. Líbrame de los planes del enemigo para mi destrucción. Gracias porque me rodeas con cánticos de liberación. Te canto alabanzas como un grito de batalla contra cualquier ataque del enemigo, porque sé que la adoración y la alabanza son cánticos de liberación. Te adoro porque eres mi Creador, Liberador, Protector y Proveedor. Te alabo por tu gozo, tu paz, tu amor, tu provisión y tu libertad en mi vida.

❧

*Tú eres mi refugio; tú me protegerás del peligro
y me rodearás con cánticos de liberación.*

Salmo 32.7

Cuando necesito renovar la mente

❧

*S*eñor, ayúdame a ser transformado por el poder de tu Espíritu. Renuévame la mente para que sólo esté llena de tu verdad y de pensamientos que te glorifiquen. Quiero estar en tu perfecta voluntad en todas las cosas que haga y en todo lo que piense. Ayúdame a no comprometer la vida que tienes para mí por pensar en forma profana, como lo hace el mundo. Capacítame para tener pensamientos que me mantengan en el sendero que tienes para mi vida.

❧

No se amolden al mundo actual, sino sean transformados mediante la renovación de su mente. Así podrán comprobar cuál es la voluntad de Dios, buena, agradable y perfecta.

ROMANOS 12.2

Cuando necesito renovar la mente

❦

*S*eñor, te doy gracias porque me has dado una mente sana. La reclamo ahora y me rehúso a aceptar menos que eso. Ayúdame para no permitir que me controlen mis propios pensamientos y que me hagan sentir desalentado, sin poder o con miedo. Capacítame para rechazar siempre los pensamientos sobre el mal o cosas que no te glorifiquen. Renueva mi mente hoy y haz que pueda tener dominio propio, y una mente sana y clara. Dame una mente que esté llena de tu amor y tu compasión, una mente que piense en los demás antes que en mí mismo.

❦

*Pues Dios no nos ha dado un espíritu
de timidez, sino de poder, de amor
y de dominio propio.*

2 Timoteo 1.7

Cuando necesito renovar la mente

Señor, te alabo y te adoro por sobre todas las cosas. Tú eres Señor de mi vida y te invito a que seas Señor también de mis pensamientos. En ningún momento quiero tener ningún pensamiento pagano, necio o vano. No quiero que mis pensamientos controlen mi vida a menos que sean acerca de ti y de tu Palabra. Ayúdame para hacer de la alabanza y la adoración una parte continua de mi vida para que los malos pensamientos nunca tengan un lugar de residencia en mi mente.

A pesar de haber conocido a Dios, no lo
glorificaron como a Dios ni le dieron gracias,
sino que se extraviaron en sus inútiles
razonamientos, y se les oscureció
su insensato corazón.

ROMANOS 1.21

Cuando necesito renovar la mente

Señor, ayúdame a pensar en cosas buenas y verdaderas, lo que quiere decir que no puedo estar pensando en mentiras o en malas noticias. Ayúdame a pensar en cosas justas y puras, lo que quiere decir que no puedo estar pensando en cosas malas o impuras. Ayúdame a tener pensamientos de amor y no de celos, enojo u odio. Ayúdame a pensar en cosas positivas que sean buenas y dignas de alabanza, y a no permitir que los pensamientos negativos me inunden la mente y me traigan confusión. Ayúdame a tener control de la mente en todo momento.

*Por último, hermanos, consideren bien todo
lo verdadero, todo lo respetable, todo lo justo,
todo lo puro, todo lo amable, todo lo digno
de admiración, en fin, todo lo que sea
excelente o merezca elogio.*

Filipenses 4.8

Cuando necesito renovar la mente

❧

*S*eñor, ayúdame para estar en unidad con otros creyentes. Que pueda estar en armonía con los que te aman. Si otra persona o yo no estamos pensando correctamente, oro para que literalmente nos cambies la mente de forma que podamos estar alineados contigo. Ayúdanos a todos los que somos llamados por tu nombre a que tengamos un mismo sentir entre todos para poder andar continuamente en el Espíritu y no en la carne.

❧

*Les suplico, hermanos, en el nombre de nuestro
Señor Jesucristo, que todos vivan en armonía
y que no haya divisiones entre ustedes, sino
que se mantengan unidos en un mismo pensar
y en un mismo propósito.*

1 Corintios 1.10

Cuando necesito renovar la mente

꧁

*S*eñor, ayúdame a renovar la mente para llegar a ser la nueva criatura en Cristo que ideaste que fuera. Sé que esto no puede suceder si tú no me ayudas. Así que por el poder de tu Espíritu que se mueve en mí, y por el poder de tu Palabra que habita en mi mente y mi corazón, abandono todas las formas viejas de pensar. Dame pensamientos limpios que sean productivos y fructíferos. Dame una buena memoria y la habilidad de pensar las cosas a fondo. Te pido que me des inteligencia y sabiduría. Renuévame la mente para poder hacer todo lo que me has llamado a hacer.

꧁

Ser renovados en la actitud de su mente.

Efesios 4.23

Cuando necesito renovar la mente

✧

*S*eñor, ayúdame a no usar mal la mente y el tiempo pensando cosas que me hagan malgastar el tiempo. Ayúdame a tener pensamientos altos, que sean creativos y productivos. Señor, te doy el control de mi mente, y te pido que la llenes de pensamientos guiados por el Espíritu Santo. No permitas que la manera incorrecta de pensar me guíe por mal camino y me aparte de la vida que tienes para mí. Renueva mi mente con pensamientos como los de Cristo, y dame la habilidad de percibir las cosas con claridad.

✧

Así que les digo esto y les insisto en el Señor:
no vivan más con pensamientos frívolos como
los paganos. A causa de la ignorancia que los
domina y por la dureza de su corazón, éstos
tienen oscurecido el entendimiento y están
alejados de la vida que proviene de Dios.

Efesios 4.17-18

Cuando necesito renovar la mente

❦

Señor, quiero tener la mente que tenía Cristo, que también esté en mí. Dame la mente de Cristo y ayúdame a pensar clara y calmadamente, con rectitud. Lléname la mente de entendimiento, sabiduría, amor y paz. Quita todos los pensamientos de temor, pavor, mal, pecado, venganza, egoísmo, criticismo y mentiras. Ayúdame a no malgastar el tiempo con pensamientos que no tienen propósito y que no hacen nada para edificar mi vida. Que tenga una mente sana para poder pensar como Cristo, y glorificarte.

❦

La actitud de ustedes debe ser
como la de Cristo Jesús.

FILIPENSES 2.5

Cuando necesito renovar la mente

⊂&

*S*eñor, ayúdame a crecer para tener tu mente y tu perspectiva en todas las cosas. Si tengo algo en la mente que no debe estar allí, cualquier pensamiento, cualquier forma de pensar equivocada, revélamelos para que pueda cambiar la mente y hacerla semejante a la tuya.

Ayúdame a ser maduro en mi forma de pensar y no necio. Ayúdame a tener los pensamientos creativos que llevan a una vida productiva y plena.

⊂&

Así que, ¡escuchen los perfectos! Todos
debemos tener este modo de pensar. Y si en
algo piensan de forma diferente, Dios les hará
ver esto también.

Filipenses 3.15

Cuando necesito renovar la mente

Señor, te entrego mi mente y te pido que seas Señor de ella. Ayúdame a pensar en ti, en servirte y en pasar la eternidad contigo. Ayúdame a pensar en tus caminos, en tu amor y tu propósito para mi vida. Ayúdame a quitar la mente de las cosas terrenales que no tienen significado y ningún beneficio duradero para poder pensar en ayudar a otros y en hacer tu voluntad. Quita toda la confusión, y dame una mente, clara, pacífica e inteligente para hacer cosas grandes para tu reino.

Concentren su atención en las cosas de arriba,
no en las de la tierra.

Colosenses 3.2

Cuando necesito renovar la mente

❧

*S*eñor, ayúdame a mantener la mente clara, enfocada y aguda en cuanto a mi caminar contigo. Protégeme la mente de pensamientos atolondrados. Impide que divague y que piense en cosas que no te glorifican. Haz que mi mente se conforme a la tuya para que tu voluntad sea hecha en mi vida. Señor, confío en ti, y te doy gracias porque debido a tu misericordia y tu gracia, puedo llegar a ser la persona que quieres que sea.

❧

Por eso, dispónganse para actuar con inteligencia; tengan dominio propio; pongan su esperanza completamente en la gracia que se les dará cuando se revele Jesucristo.

1 PEDRO 1.13

Cuando necesito renovar la mente

❦

*Q*uerido Jesús, te doy gracias porque por el poder de tu Espíritu puedo vencer mi naturaleza pecaminosa. Puedo decidir vivir en el Espíritu y no en la carne. Ayúdame para ser fuerte y no débil, para que mi mente pueda siempre controlar la carne y para no apartarme de la vida que tienes para mí. Renuévame la mente hoy y quita de ella todos los pensamientos que no deben estar allí. Ayúdame a llenarla con la verdad de tu Palabra.

❦

¡Gracias a Dios por medio de Jesucristo
nuestro Señor! En conclusión, con la mente yo
mismo me someto a la ley de Dios,
pero mi naturaleza pecaminosa está
sujeta a la ley del pecado.

ROMANOS 7.25

Cuando necesito renovar la mente

❦

Señor, te pido que pongas tus leyes en mi mente y que las grabes en mi corazón para que me mantengan en el sendero que tienes para mí. Quiero ser guiado solamente por tu Espíritu y no por la carne. No sólo quiero leer tu Palabra sino que la quiero entender y usarla para bien en mi vida. Ayúdame a ser un hacedor de tu palabra y no solamente un oidor. Graba tu Palabra profundamente en mi corazón cada vez que la lea.

❦

Éste es el pacto que después de aquel tiempo
haré con la casa de Israel —dice el Señor—:
Pondré mis leyes en su mente
y las escribiré en su corazón. Yo seré su Dios,
y ellos serán mi pueblo.

Hebreos 8.10

Cuando necesito renovar la mente

❧

*Q*uerido Señor, estoy muy agradecido porque me has dado la mente de Cristo. Esa es la única forma en que puedo entender tu Palabra y tu revelación a mi vida. Por el poder de tu Espíritu que vive en mí, guíame y enséñame todo lo que necesito saber para poder crecer en las cosas de tu reino. Ayúdame a tener la mente de Cristo en cada decisión que tome y en todo lo que haga.

❧

«¿Quién ha conocido la mente del Señor para que pueda instruirlo?» Nosotros, por nuestra parte, tenemos la mente de Cristo.

1 Corintios 2.16

Cuando necesito victoria
sobre mi enemigo

ᑺ

Gracias, Señor, porque me has dado autoridad sobre todo el poder del enemigo. Ayúdame a recordarlo cuando me siento débil o siento la amenaza de sus ataques. Ayúdame a aprender a usar la autoridad que me has dado para derrotar al enemigo cada vez que quiere intervenir en mi vida. Capacítame para pisotear las cosas que se levantan contra mí y amenazan destruirme. Gracias, Señor, porque nunca dejarás que el enemigo me destruya.

ᑺ

Sí, les he dado autoridad a ustedes para
pisotear serpientes y escorpiones
y vencer todo el poder del enemigo;
nada les podrá hacer daño.

LUCAS 10.19

Cuando necesito victoria
sobre mi enemigo

⚜

*S*eñor, muéstrame cómo puedo resistir al enemigo en cada esfera de mi vida. Capacítame para que con un conocimiento completo de tu Palabra pueda resistir sus mentiras, y que al tener tus mandamientos en mi corazón, pueda resistir la tentación. Que por medio del conocimiento y la sabiduría que me das, pueda evitar las trampas del enemigo. Gracias, Jesús, porque cuando fuiste crucificado derrotaste al enemigo y me diste autoridad sobre él. Debido a ti, ahora tengo poder para resistirlo y cuando lo hago, él debe huir de mí.

⚜

Así que sométanse a Dios. Resistan al diablo,
y él huirá de ustedes.

Santiago 4.7

Cuando necesito victoria
sobre mi enemigo

❧

Señor, ayúdame a estar firme en el fundamento eterno que tengo en ti. No importa qué torbellino de ataques envíe el enemigo contra mí, oro que pase y que yo triunfe sobre él. Lo que puede estremecer a otros que no te conocen, a mí no me perturbará. Eso es porque me has puesto en un fundamento sólido en el centro de tu voluntad, lejos del control del enemigo. Gracias porque no importa lo que suceda, mi fundamento es en ti y durará eternamente. Después de todo lo que me sucede a mí o alrededor de mí, permaneceré firme.

❧

Pasa la tormenta y desaparece el malvado,
pero el justo permanece firme para siempre.

PROVERBIOS 10.25

Cuando necesito victoria
sobre mi enemigo

❧

Señor, te alabo y de doy gracias porque tú eres más poderoso que cualquier enemigo que jamás enfrente. Clamo a ti y te pido que me salves de mi enemigo. Cuando el enemigo venga contra mí, elevaré alabanza a ti como una barrera contra él. Tú eres mucho más grande que sus amenazas, te doy gracias porque siempre mostrarás tu poder a favor de mí cuando clamo a ti. Te adoro en medio de todo lo que enfrento hoy.

❧

Invoco al Señor, que es digno de alabanza,
y quedo a salvo de mis enemigos.

Salmo 18.3

Cuando necesito victoria
sobre mi enemigo

❧

Señor, te doy gracias porque debido a que soy tu siervo, ninguna arma que el enemigo trate de usar contra mí puede prosperar. Aun cuando las personas que usa el enemigo traten de hacer o decir cosas juzgándome, tú las condenarás. Gracias porque Jesús, que es tu justicia, me cubre; gracias Jesús porque moriste en mi lugar. Tu justicia en mi vida me protege de las cosas que tratan de destruirme.

❧

No prevalecerá ninguna arma que se forje
contra ti; toda lengua que te acuse será
refutada. Ésta es la herencia de los siervos
del Señor, la justicia que de mí procede
—afirma el Señor.

Isaías 54.17

Cuando necesito victoria
sobre mi enemigo

❦

*S*eñor, ayúdame a resistir con fuerza los planes del enemigo. Nunca permitas que caiga en sus manos y sin darme cuenta lo ayude a alcanzar sus metas. Ayúdame a estar alerta en cuanto a orar para que él no tenga entrada a mi vida para devorarme. Ayúdame a recordar que ore por otras personas que enfrentan esta misma oposición, porque sé que tenemos un enemigo común. Gracias, Señor, porque también tenemos el mismo Padre celestial.

❦

*Practiquen el dominio propio y manténganse
alerta. Su enemigo el diablo ronda como
león rugiente, buscando a quién devorar.
Resístanlo, manteniéndose firmes en la fe,
sabiendo que sus hermanos en todo
el mundo están soportando la misma
clase de sufrimientos.*

1 Pedro 5.8-9

Cuando necesito victoria
sobre mi enemigo

☙

*S*eñor, te pido que siempre estés de mi parte en todas las batallas con el enemigo de mi alma. Si tú estás conmigo, siempre triunfaré. Si estás conmigo, no tengo que tener temor de debilitarme cuando enfrento un ataque. Tú me das las fuerzas para estar firme y siempre serás más poderoso que cualquier oposición que enfrente. Ayúdame en la batalla que enfrento hoy. Gracias de antemano por la victoria que lograrás a mi favor.

☙

Cuando estés a punto de entrar en batalla,
el sacerdote pasará al frente y exhortará
al ejército con estas palabras: «¡Escucha,
Israel! Hoy vas a entrar en batalla contra tus
enemigos. No te desanimes ni tengas miedo; no
te acobardes ni te llenes de pavor ante ellos».

Deuteronomio 20.2-3

Cuando necesito victoria
sobre mi enemigo

℘

$\mathcal{S}$eñor, te pido que siempre me protejas de la trampa del diablo para que nunca sea tomado cautivo para hacer su voluntad. Sé que lo harás porque soy tu hijo y porque me amas. Ayúdame a nunca hacer nada descuidadamente ni algo necio que haga que me salga de debajo de la cobertura de la protección que les provees a los que te aman y viven de acuerdo a tus caminos.

℘

Y un siervo del Señor no debe andar peleando;
más bien, debe ser amable con todos,
capaz de enseñar y no propenso a irritarse.
Así, humildemente, debe corregir a los
adversarios, con la esperanza de que Dios les
conceda el arrepentimiento para conocer la
verdad, de modo que se despierten y escapen
de la trampa en que el diablo los tiene
cautivos, sumisos a su voluntad.

2 Timoteo 2.24-26

Cuando necesito victoria
sobre mi enemigo

ᘓ

Señor, gracias porque tú eres mi libertador. Te pido que me libres de los ataques del enemigo, tanto ahora como en el futuro. Líbrame de sus trampas y planes malvados. Pongo mi vida en tus manos y confío en que me protejas de todo daño o peligro. Tú eres mi Salvador, mi Redentor, mi Protector y mi Proveedor, y en ti encuentro todo lo que necesito. Cuando siento que el enemigo quiere inmiscuirse en mi vida, oro que me ayudes a levantarme contra él en fe, rehusándome a dejar que me desaliente o me venza.

ᘓ

Mi Dios, en ti confío; no permitas que sea yo
humillado, no dejes que mis enemigos
se burlen de mí.

SALMO 25.2

Cuando necesito victoria
sobre mi enemigo

❧

*G*racias, Señor, por tu mano de protección en mi vida. Te pido que me mantengas lejos del mal, de la violencia y del crimen. Líbrame de cualquier situación que pueda amenazar mi seguridad o la de las personas que amo. Líbrame de cualquier ataque del enemigo o de sus planes para destruirme. Señor, gracias porque eres Todopoderoso y omnipotente, y nada es demasiado difícil para ti.

❧

Tú me libras del furor de mis enemigos, me
exaltas por encima de mis adversarios, me
salvas de los hombres violentos.

SALMO 18.48

Cuando necesito victoria
sobre mi enemigo

❦

Señor, te alabo y te adoro porque eres el Dios Todopoderoso, el Creador de todas las cosas. Te adoro como el Padre celestial que es más grande que ningún otro. Te doy gracias porque eres mi Salvador y mi Protector, que me eleva fuera del alcance de mi enemigo. Cuando estoy bajo ataque del enemigo, te pido que me recuerdes alabarte de inmediato, y que no dé lugar al temor o a la duda. Hazme tan fuerte en la fe que el enemigo no me cause preocupación, porque mi preocupación más grande es servirte.

❦

Me hará prevalecer frente a los enemigos que me rodean; en su templo ofreceré sacrificios de alabanza y cantaré salmos al Señor.

SALMO 27.6

Cuando necesito victoria
sobre mi enemigo

ꝏ

Señor, tú eres mi Libertador y confío en ti en el tiempo de mi liberación de la mano del enemigo. Líbrame de toda persecución y acoso, y de toda obra del mal. Guárdame para la obra que debo hacer. Si en algún lugar he invitado a entrar al enemigo, ya sea por contemporizar o por desobedecer tus caminos, muéstrame para que pueda cambiar y arreglar las cosas. Gracias porque nunca me entregarás a la voluntad de mi enemigo.

ꝏ

Mi vida entera está en tus manos; líbrame de
mis enemigos y perseguidores.

SALMO 31.15

Cuando necesito victoria
sobre mi enemigo

✌

Señor, gracias porque me librarás de todas mis angustias y me guardarás del enemigo porque te pertenezco y te amo y quiero vivir para ti. Tú has dicho en tu Palabra que abrirás tu mano y satisfarás todos los deseos del corazón de aquellos que te buscan. Te pido que satisfagas el deseo de mi corazón de que el enemigo sea completamente derrotado en mi vida. Ayúdame a elevarme con poder contra él para que no pueda penetrar en mi vida de ninguna manera.

✌

Me has librado de todas mis angustias, y mis
ojos han visto la derrota de mis enemigos.

SALMO 54.7

Cuando necesito victoria
sobre mi enemigo

❦

$\mathcal{S}$eñor, tú me has librado muchas veces de la mano del enemigo. No estaría vivo hoy si no fuera por ti. Los planes del enemigo para destruirme hubieran tenido éxito si no hubiera sido que tú lo has derrotado. Estoy muy agradecido porque me has rescatado de la mano de mi enemigo para siempre. Ayúdame a decirles a otros sobre tu liberación y redención en mi vida. Ayúdame a consolar a los que se ocultan en temor debido al tormento del enemigo. Ayúdame a decirles que tú puedes hacer por todos los que se vuelven a ti lo mismo que has hecho por mí.

❦

Que lo digan los redimidos del Señor,
a quienes redimió del poder del adversario.

SALMO 107.2

Cuando necesito victoria
sobre mi enemigo

❧

Señor, te doy gracias por todas las veces que me has ocultado del enemigo. Tú eres una torre fuerte a la que puedo correr cada vez que siento una intromisión de mal en mi vida. No tengo que vivir con temor, porque puedo ir a ti en oración y alabanza, y tú me proteges del ataque del enemigo. Te pido hoy que me guardes a salvo y protegido de todo mal para poder servirte mejor y llegar a ser todo lo que ideaste que fuera.

❧

Porque tú eres mi refugio,
mi baluarte contra el enemigo.

SALMO 61.3

Cuando necesito victoria
sobre mi enemigo

❦

*S*eñor, vengo a ti hoy y te doy gracias porque en mi vida ya ha sido ganada la victoria sobre el enemigo. Gracias, Jesús, porque me amaste tanto que moriste para que yo pudiera ser salvo. Gracias, Dios, porque siempre estás de mi parte. Ese conocimiento le da mucho consuelo y sanidad a mi alma. No le tengo que temer a los planes del enemigo contra mí, porque tú estás de mi parte. Revélame cualquier cosa que deba ver en cuanto a los planes de mal que hay para mi vida. Muéstrame cuándo y cómo orar para estar completamente protegido bajo tu cobertura.

❦

Cuando yo te pida ayuda, huirán mis
enemigos. Una cosa sé: ¡Dios está de mi parte!

Salmo 56.9

Cuando necesito ayuda
en tiempos difíciles

❦

Gracias, Señor, porque me proteges todos los días, mucho más de lo que me doy cuenta. Gracias porque eres más poderoso que cualquier enemigo que enfrente. Gracias porque vas delante de mí cuando atravieso situaciones difíciles. Gracias porque siempre estarás conmigo y nunca me dejarás ni me abandonarás, así que no tengo que tener temor de los tiempos difíciles. Dame el valor y la fe para enfrentar las situaciones más difíciles que encuentre hoy.

❦

El Señor mismo marchará al frente de ti y estará contigo; nunca te dejará ni te abandonará. No temas ni te desanimes.

Deuteronomio 31.8

Cuando necesito ayuda
en tiempos difíciles

Señor, gracias porque hay poder en tu nombre. Clamo a tu nombre hoy y te pido que me protejas de todos los planes que el enemigo, cualquier persona o circunstancia puedan tramar para que caiga. Jesús, corro a ti como mi torre fuerte, mi refugio en tiempos de angustia. Oro que me mantengas a salvo. Clamo al nombre de Jesús sobre mi situación, ahora. Proclamo que tú, Jesús, eres Señor de mi vida y Señor de todas las cosas que me suceden.

Torre inexpugnable es el nombre del Señor; a
ella corren los justos y se ponen a salvo.

Proverbios 18.10

Cuando necesito ayuda
en tiempos difíciles

❧

Señor, ayúdame a elevarme por encima de las cosas que me preocupan. Te entrego la carga de ellas a ti, y te doy gracias porque cuando lo hago, tú haces que mi carga sea leve, y me ayudas a salir de cualquier situación con éxito. Quito mis ojos de los problemas que enfrento y los coloco en ti y en tu amor. Gracias porque aunque el amor humano fracasa, el tuyo nunca fracasará. Ayúdame a descansar en tu amor a medida que te observo traer cosas buenas de los tiempos más difíciles de mi vida.

❧

Encomienda al Señor tus afanes, y él te sostendrá; no permitirá que el justo caiga y quede abatido para siempre.

Salmo 55.22

Cuando necesito ayuda
en tiempos difíciles

Señor, te adoro por sobre todas las cosas. Te alabo y proclamo que eres Señor sobre todo en mi vida. Gracias porque eres más poderoso que cualquiera de las tormentas de la vida por las cuales tengo que pasar. Te pido que me ayudes en la situación en la que me encuentro ahora y con las cosas difíciles que enfrento. Te pido que me concedas los deseos de mi corazón en lo que concierne a estas situaciones. Gracias, Señor, porque cuando clamo a ti, escuchas mis oraciones y las contestas.

La mujer se acercó y, arrodillándose delante de
él, le suplicó: —¡Señor, ayúdame!

MATEO 15.25

Cuando necesito ayuda
en tiempos difíciles

❧

Señor, vengo delante de tu trono con confianza sabiendo que debido a que soy tu hijo tu misericordia se extiende hacia mí. Necesito que tu misericordia y tu gracia se manifiesten en mi vida grandemente hoy. Estoy enfrentando cosas difíciles y sé que no puedo afrontar esos desafíos sin tu ayuda. Capacítame para caminar a través de ellos con éxito, o quítame de ellos completamente. Sé que obrarás para bien en los tiempos difíciles que experimento, te doy gracias por los milagros que harás en mi vida durante ese proceso.

❧

Así que acerquémonos confiadamente al trono
de la gracia para recibir misericordia y hallar
la gracia que nos ayude en el momento que
más la necesitemos.

HEBREOS 4.16

Cuando necesito ayuda
en tiempos difíciles

☙

Querido Señor, elevo mis ojos a ti para que seas toda la ayuda que jamás necesitaré. Aun cuando no vea ayuda en el horizonte, no temeré ni me preocuparé. Aun cuando no vea una salida o una buena solución a ciertos problemas, sé que *tú* la ves. Así que mantendré mis ojos en ti. Tú eres el Creador de los cielos y de la tierra y de todo lo que hay en ellos, por lo tanto sé que eres completamente capaz de crear soluciones para mis problemas. Te alabo y te agradezco porque nada es demasiado difícil para ti.

☙

*A las montañas levanto mis ojos; ¿de dónde
ha de venir mi ayuda? Mi ayuda proviene del
Señor, creador del cielo y de la tierra.*

Salmo 121.1-2

Cuando necesito ayuda
en tiempos difíciles

Señor, mi esperanza eres tú. Sin importar cómo me sienta o lo que esté sucediendo, siempre tengo motivos para celebrar porque tú estás a cargo de mi vida. Me rehúso a ceder a los pensamientos negativos en cuanto a mi situación, porque sé que tú siempre sacarás algo bueno de la situación difícil por la que estoy pasando. Tu Palabra dice que el sufrimiento que experimento parecerá nada a la luz de la obra maravillosa que harás en mí. Así que te pido que me ayudes a enfrentar los desafíos de mi vida con fuerza y valor para que tu gloria sea revelada en mí a través de todo esto.

De hecho, considero que en nada se comparan los sufrimientos actuales con la gloria que habrá de revelarse en nosotros.

Romanos 8.18

Cuando necesito ayuda
en tiempos difíciles

❧

Señor, derramo mi corazón delante de ti, obedeciendo lo que dice tu Palabra. Tengo fe en ti; tú eres mi refugio. Gracias, Señor, porque tú escuchas mis oraciones y siempre las responderás. Entrego en tus manos la carga de todas las cosas difíciles que hay en mi corazón, sabiendo que eres el Único que puede quitármela y cargarla por mí. Ayúdame a rehusarme a volver a tomar y llevar la carga que te he entregado.

❧

Confía siempre en él, pueblo mío;
ábrele tu corazón cuando estés ante él.
¡Dios es nuestro refugio!

Salmo 62.8

Cuando necesito ayuda
en tiempos difíciles

❦

*S*eñor, cuando suceden cosas que son difíciles o que me perturban, ayúdame a ver el lado positivo de todo eso. Ayúdame a quitar los ojos de mis circunstancias y elevarlos a tu bondad, misericordia y amor. Ayúdame a enfocarme en el poder de tu mano poderosa y en la forma en que tú puedes tocar, cambiar y transformar mis problemas. Cambia todo lo que parezca producirme miedo o que sea negativo, hazlo positivo y bueno. Haz que estas situaciones obren para bien en mi vida y conviértelas en una bendición como sólo tú puedes hacerlo.

❦

*No juzguen nada antes de tiempo; esperen
hasta que venga el Señor. Él sacará a la luz
que está oculto en la oscuridad y pondrá al
descubierto las intenciones de cada corazón.
Entonces cada uno recibirá de Dios la
alabanza que le corresponda.*

1 Corintios 4.5

Cuando necesito ayuda
en tiempos difíciles

Señor, cuando el sufrimiento por algo que haya sucedido trate de volver y torturarme, te pido que lo quites y que me des paz. Gracias porque eres un Dios compasivo, y no sólo ves mis problemas, mi sufrimiento y entiendes mi pérdida, sino que extiendes tu mano hacia mí y escuchas mis oraciones. Te pido que me reveles todo el dolor que está encerrado en mi memoria y que me liberes de él. Ayúdame a ver que la vida continúa, porque tú continúas y tus misericordias nunca faltan.

Pero tú ves la opresión y la violencia,
las tomas en cuenta y te harás cargo de ellas.
Las víctimas confían en ti;
tú eres la ayuda de los huérfanos.

SALMO 10.14

Cuando necesito ayuda
en tiempos difíciles

❧

*S*eñor, te doy gracias porque me has puesto en libertad de la prisión de mi propia alma. Me has sacado de las tinieblas a tu maravillosa luz. Señor, gracias porque me confortas satisfaciendo el hambre y la sed de mi alma en tiempos de sequía. Cuando el calor me abate, tú me proteges. Y no sólo me guías con misericordia, sino que me llevas a un lugar de refrigerio. Necesito palpar ese lugar de refrigerio hoy. Te pido que me saques de las situaciones difíciles que enfrento hoy o me ayudes a pasar a través de ellas con gran victoria.

❧

No tendrán hambre ni sed, no los abatirá
el sol ni el calor, porque los guiará quien les
tiene compasión, y los conducirá junto a
manantiales de agua.

Isaías 49.10

Cuando necesito ayuda
en tiempos difíciles

Querido Señor, estoy determinado a hacer lo que dice tu Palabra y considerarme dichoso cuando tenga que enfrentar pruebas. Te alabo en medio de los difíciles problemas que enfrento en estos momentos, y te proclamo Señor sobre cada uno de ellos y sobre mi vida. Te pido que tomes a tu cargo estas situaciones y que saques bien de ellas. Si estás probando mi fe, entonces que la paciencia sea revelada en mí mientras espero un buen fin o una conclusión satisfactoria para cada problema. Ayúdame para que mi fe en ti no vacile con todo esto.

Hermanos míos, considérense muy dichosos
cuando tengan que enfrentarse con diversas
pruebas, pues ya saben que la prueba de su fe
produce constancia.

SANTIAGO 1.2-3

Cuando necesito ayuda
en tiempos difíciles

❦

Señor, no quiero asumir que estoy haciendo todas las cosas bien. Sé que permites que algunas cosas dolorosas nos sucedan cuando no vivimos según tus caminos. Si estoy pasando por un tiempo difícil debido a algo que he hecho, o por algo que debía haber hecho pero no hice, revélamelo para que pueda confesártelo. Me quiero arrepentir de eso y no hacer ninguna cosa mala, porque quiero arreglar las cuentas entre nosotros. Si estoy pasando por un tiempo difícil que hayas permitido por un propósito, te doy gracias de antemano por el bien que vas a sacar de él.

❦

Para los justos la luz brilla en las tinieblas.
¡Dios es clemente, compasivo y justo!

SALMO 112.4

Cuando necesito ayuda
en tiempos difíciles

❧

*S*eñor, clamo a ti hoy y te pido que me alivies por las cosas difíciles que estoy enfrentando. Tráelas a una buena conclusión, como sólo tú puedes hacer. Sé que entiendes por lo que estoy pasando, y que ves todo lo que hago y las cosas con las que lucho (Salmo 139.2-3f. Aun sabes mis pensamientos en cuanto a mis circunstancias actuales. Ayúdame a navegar por estas aguas agitadas para no sólo sobrevivir, sino para salir victorioso.

❧

Cuando te llamé, me respondiste; me
infundiste ánimo y renovaste mis fuerzas.

SALMO 138.3

Cuando necesito ayuda en tiempos difíciles

Querido Dios, te doy gracias porque las situaciones difíciles de mi vida no durarán siempre. Te pido que hagas que obren para bien y que cada resultado te glorifique. Ayúdame para no estancarme en los problemas que veo y para enfocarme en tu poder y tu misericordia, las cuales tal vez no pueda ver en este momento, pero sé que siempre están disponibles para mí. Ayúdame a recordar que mis problemas son temporales, pero lo que tú harás en mí en medio de ellos va a tener resultados eternos.

Pues los sufrimientos ligeros y efímeros que ahora padecemos producen una gloria eterna que vale muchísimo más que todo sufrimiento. Así que no nos fijamos en lo visible sino en lo invisible, ya que lo que se ve es pasajero, mientras que lo que no se ve es eterno.

2 Corintios 4.17-18

Cuando necesito consuelo y guía

⚜

Querido Señor, te alabo hoy y te doy gracias por tu gran misericordia conmigo.

Gracias porque ves las esferas en las que lucho y me has dado la presencia de tu Espíritu Santo para consolarme y guiarme en todo momento. Te pido que me des una sensación más grande de tu consuelo y un entendimiento mayor de las maneras en que me provees guía. En las cosas difíciles que enfrento, no quiero dar ningún paso sin saber que me estás guiando. Ayúdame para que en mi corazón pueda escuchar tus instrucciones.

⚜

Ustedes los cielos, ¡griten de alegría! Tierra,
¡regocíjate! Montañas, ¡prorrumpan en
canciones! Porque el SEÑOR consuela a su
pueblo y tiene compasión de sus pobres.

Isaías 49.13

Cuando necesito consuelo y guía

❧

Señor, te adoro y tengo temor reverente de tu nombre, porque tú eres el Creador Todopoderoso de todo, el que me ha creado para un propósito elevado. Ayúdame para no preocuparme de lo que cualquier persona diga de mí o me haga. Ayúdame a quitar mis ojos de los demás y a enfocarlos en ti y en todo lo que eres. Cúbreme con tu mano protectora y escóndeme de los peligros que me rondan. Mantenme a salvo de los planes de la gente malvada. Dependo de ti para que me guíes con seguridad al lugar donde quieres que vaya.

❧

Soy yo mismo el que los consuela. ¿Quién eres tú, que temes a los hombres, a simples mortales, que no son más que hierba?

ISAÍAS 51.12

Cuando necesito consuelo y guía

Gracias, Señor, porque has enviado un Guía y Ayudador maravilloso —tu Espíritu Santo— para que viva en mí. Ahora, cuando los tiempos son difíciles, o cuando enfrento situaciones que me perturban, siempre puedo encontrar mi consuelo en ti. Hoy te pido que me des consuelo y paz acerca de todas las situaciones difíciles en mi vida. Ayúdame a confiar solamente en ti para que consueles mi alma en lugar de mirar a otras personas y sentirme desilusionado. Sólo tu consuelo es duradero y seguro.

Y yo le pediré al Padre, y él les dará otro Consolador para que los acompañe siempre.

JUAN 14.16

Cuando necesito consuelo y guía

$\mathcal{Q}$uerido Padre celestial, te doy gracias porque aunque a veces me puedo encontrar en un lugar peligroso, no debo temer al mal, porque tú estás allí para protegerme. Me consuela saber que siempre me guiarás y rectificarás mi curso cuando sea necesario. Ayúdame para recibir continuamente tu guía y recibir tu corrección. Ayúdame para que nunca me descuide ni me pueda encontrar en el lugar equivocado en el tiempo equivocado. Dependo de ti para que me mantengas a salvo.

Aun si voy por valles tenebrosos, no temo
peligro alguno porque tú estás a mi lado;
tu vara de pastor me reconforta.

SALMO 23.4

Cuando necesito consuelo y guía

Querido Señor, gracias por tu consuelo en mi vida. Hoy me acerco a ti para buscar tu consuelo. Gracias porque tu amor y tu consuelo son tan grandes que me rodean completamente, y no hay parte de mi vida que esté más allá del alcance de tu toque amoroso y sanador. Te pido que extiendas tu mano y me toques con tu poder sanador y que quites todo el dolor que siento, tanto física como emocionalmente. Líbrame de la aflicción y el desconsuelo, y capacítame para vivir una vida productiva de manera que pueda hacer grandes cosas para tu gloria.

Acrecentarás mi honor y volverás a consolarme.

Salmo 71.21

Cuando necesito consuelo y guía

Señor, te doy gracias por tu Palabra que me guía, me da vida y consuela mi alma. Cuando tenga dificultades y aflicción o sienta temor, ayúdame a encontrar consuelo en tu presencia y en tu verdad. Cuando paso por experiencias que me atormentan el alma, oro pidiéndote que el consuelo de tu Espíritu Santo alivie mi dolor, y que el consuelo de tu Palabra aumente mi perspectiva. Ayúdame para llegar al punto en el cual busque consuelo y guía solamente de ti, y de nada o nadie más.

Éste es mi consuelo en medio del dolor:
que tu promesa me da vida.

Salmo 119.50

Cuando necesito consuelo y guía

Señor, tu bondad misericordiosa conmigo me trae gran consuelo. Ayúdame a recordar que tu amor y tu misericordia nunca fallan, especialmente en los tiempos en que parece que mis oraciones no han sido contestadas. Ayúdame a ver que aun en luchas difíciles, tú siempre estás de mi parte. Gracias porque eres un Dios bueno y porque la vida que tienes para mí es buena. Ayúdame a confiar en eso y en ti en todo momento, para que busque tu consuelo y tu guía cuando vea la primera señal de problemas o dificultades.

Que sea tu gran amor mi consuelo, conforme a la promesa que hiciste a tu siervo.

Salmo 119.76

Cuando necesito consuelo y guía

❦

Gracias, Señor, porque has perdonado mis pecados y mi contienda ha terminado. Tú has ganado la victoria para mí, y ahora tienes un lugar de descanso y consuelo para mí, sin importar dónde me encuentre en la vida. Aun cuando parece que he pagado un precio muy alto por las veces en que me he descarriado del sendero que tienes para mí, sé que tu recompensa para los que perseveran es multiplicada. Ayúdame a perseverar en el sendero que tienes para mi vida y a reclamar el consuelo que tienes para mí ahora.

❦

Hablen con cariño a Jerusalén, y anúncienle
que ya ha cumplido su tiempo de servicio,
que ya ha pagado por su iniquidad, que ya ha
recibido de la mano del Señor el doble por
todos sus pecados.

Isaías 40.2

Cuando necesito consuelo y guía

Querido Señor, te doy gracias por toda la ayuda y consuelo que me has dado. Ayúdame a consolar a otros que están pasando por dificultades con ese mismo consuelo. Haz que *fluya* de mí todo lo que has derramado *dentro* de mí. Si vacilo en tratar de alcanzar a otros por temor al rechazo, dame la confianza y el entendimiento que necesito para saber cómo y cuándo debo ser tu mano extendida en ayuda.

*Alabado sea el Dios y Padre de nuestro Señor
Jesucristo, Padre misericordioso y Dios
de toda consolación, quien nos consuela en
todas nuestras tribulaciones para que
con el mismo consuelo que de Dios hemos
recibido, también nosotros podamos
consolar a todos los que sufren.*

2 Corintios 1.3-4

Cuando necesito consuelo y guía

❧

Señor, necesito tu guía en mi vida ahora mismo. Tengo que tomar decisiones y no lo quiero hacer sin saber cuál es tu voluntad para mí. Dame sabiduría y revelación en cuanto a estos asuntos. Tu consejo es mejor que todos los consejos. Tu guía es perfecta. Busco tu consejo y tu guía hoy. Lléname de tu sabiduría para que cuando tenga que tomar una decisión rápida, sea la correcta. Encuentro mucho consuelo al saber que estoy en tu perfecta voluntad.

❧

También esto viene del Señor Todopoderoso,
admirable por su consejo
y magnífico por su sabiduría.

Isaías 28.29

Cuando necesito consuelo y guía

Señor, me vuelvo a ti como la sólida roca en la cual me paro, y te pido que me guíes por el sendero en que debo ir. Busco tu guía y tu revelación. Clamo a ti por sabiduría y corrección. No quiero dar ni un paso sin saber que me estás guiando. Las decisiones que debo tomar deben ser las correctas, así que no permitas que cometa un error. Aun cuando debo tomar una decisión rápida, ayúdame a tomarla con mucha certeza debido a la sabiduría y el conocimiento que has puesto en mí. Hazme sensible a la presencia y a la guía de tu Espíritu Santo en mi corazón.

Guíame, pues eres mi roca y mi fortaleza,
dirígeme por amor a tu nombre.

SALMO 31.3

Cuando necesito consuelo y guía

Señor, busco tu rostro ahora mismo y te pido que cuando eleve mis ojos a ti, tú me guíes hacia donde debo ir. Tu presencia me consuela, y el conocimiento de que estoy caminando en tu voluntad me hace sentir confiado y seguro. Ayúdame a estar en el sendero que tienes para mí. Ayúdame para ir a ti todos los días buscando dirección, y a no tratar de hacer las cosas a mi manera. Capacítame para tener los ojos fijos en ti en todo momento.

El Señor dice: «Yo te instruiré, yo te mostraré el camino que debes seguir; yo te daré consejos y velaré por ti».

Salmo 32.8

Cuando necesito consuelo y guía

❧

*S*eñor, te pido que restaures en mi vida todo lugar que sea como una tierra desolada. Haz que los lugares muertos cobren vida. Toma los lugares secos que hay en mí y haz que sean como un jardín bien regado. En las esferas de mi vida en que no veo mucho fruto, haz que las raíces de mi vida se profundicen en ti. En los lugares en que he sentido como que estoy en un desierto, transforma esa parte de mi vida en un jardín frondoso. Pon en mí un corazón agradecido y una voz que siempre cante tus alabanzas.

❧

Sin duda, el Señor *consolará a Sión; consolará todas sus ruinas. Convertirá en un Edén su desierto; en huerto del* Señor *sus tierras secas. En ella encontrarán alegría y regocijo, acción de gracias y música de salmos.*

Isaías 51.3

Cuando necesito consuelo y guía

Señor, te pido que me guíes continuamente para no salirme del sendero que tienes para mí. Y si ya me he apartado de tu voluntad de alguna manera, te pido que me des convicción de corazón y la determinación que necesito para volver al centro de tu voluntad ahora mismo. En la sequedad de mi alma, te pido que me consueles y me refresques con tu agua viva para que se convierta en un manantial eterno en mi corazón. Hay que mi alma y mi mente sean sanas y prosperen.

El Señor te guiará siempre; te saciará en
tierras resecas, y fortalecerá tus huesos.
Serás como jardín bien regado, como
manantial cuyas aguas no se agotan.

Isaías 58.11

Cuando necesito consuelo y guía

❧

Señor, tu Palabra dice que mi integridad será una guía para mí. Me ayudará a tener buen discernimiento moral. Te pido que me ayudes a ser una persona íntegra, honesta y recta. Ayúdame a tener sano juicio y ser completo. Hazme una persona cabal, para que mi integridad nunca sea comprometida. Que me guíe mi integridad para que siempre pueda tomar las decisiones correctas en el momento oportuno.

❧

A los justos los guía su integridad;
a los falsos los destruye su hipocresía.

PROVERBIOS 11.3

Cuando necesito consuelo y guía

❧

Señor, te alabo porque eres el Dios de todo consuelo y paciencia y el Padre de toda misericordia. Hoy necesito mucho tu consuelo y misericordia. Vengo a ti para dejar a tus pies las cosas que atribulan mi alma. Sé misericordioso conmigo y quítalas de mi vida. Lléname con el consuelo de tu amor. Señor, gracias porque eres paciente conmigo cuando fracaso o cuando me aparto de tu perfecta voluntad para mi vida. Gracias porque me cuidas en todo momento.

❧

Que el Dios que infunde aliento y perseverancia les conceda vivir juntos en armonía, conforme al ejemplo de Cristo Jesús.

Romanos 15.5

Cuando necesito consuelo y guía

❧

Señor, me dirijo a ti pidiéndote consuelo y guía. Ayúdame para saber lo que debo hacer y cuándo hacerlo. Muéstrame si necesito buscar la ayuda de consejeros piadosos que a su vez eleven sus ojos a ti para que los aconsejes. Cuando necesito conocimiento especial sobre lo que debo hacer, que sólo puedo obtener de ti y de la gente que traes a mi vida para esa razón, muéstrame exactamente a quién debo ir para recibir asesoramiento. Guía cada uno de mis pasos por la senda de la vida y, por favor, está conmigo para guiarme especialmente el día en que vaya a la eternidad contigo.

❧

Me guías con tu consejo,
y más tarde me acogerás en gloria.

SALMO 73.24

Cuando necesito una nueva actitud

&

*S*eñor, te doy gracias porque tú haces todas las cosas nuevas. Gracias porque habrá un tiempo cuando harás todo tan nuevo que no habrá más llanto ni lamento, ni tampoco dolor ni muerte. Te pido hoy que me hagas nuevo a mí y que renueves mi actitud. Ayúdame a dejar de lado la forma de pensar que me impide llegar a ser más como tú y recibir las bendiciones que tienes para mí. Si tengo una actitud negativa respecto a algo, ayúdame a quitarla de mí y a adoptar una positiva. Te pido que cada vez me hagas más y más según la imagen de Cristo.

&

Él les enjugará toda lágrima de los ojos. Ya no habrá muerte, ni llanto, ni lamento ni dolor, porque las primeras cosas han dejado de existir. El que estaba sentado en el trono dijo: «¡Yo hago nuevas todas las cosas!»

Apocalipsis 21.4-5

Cuando necesito una nueva actitud

✑

Querido Señor, te pido que me ayudes a no cansarme de hacer el bien. Ayúdame a no cejar cuando lleguen tiempos de desaliento y parezca que hacer lo correcto no da resultado. Ayúdame a continuar basándome en lo que sé sobre ti y tus caminos y a no tomar los asuntos en mis manos y tratar de hacer las cosas a mi manera. Ayúdame a no darle lugar al desaliento, porque por fe sé que habrá una cosecha de cosas buenas ya que he plantado buena semilla.

✑

No nos cansemos de hacer el bien,
porque a su debido tiempo cosecharemos
si no nos damos por vencidos.

GÁLATAS 6.9

Cuando necesito una nueva actitud

❧

*S*eñor, te pido que me des un corazón alegre que se refleje en mi rostro, especialmente cuando otras personas me vean. Por favor, no permitas que tenga un corazón dolido o que mi espíritu esté deprimido. Cuando en el pasado mi corazón ha estado quebrantado, he orado que lo sanes completamente. Quiero vivir en el gozo de tu corazón y en la plenitud de espíritu que tienes para mí. Te pido que todos los días me ayudes a hacer decisiones que mantengan la actitud positiva, edificante y llena de esperanza que necesito para glorificarte a ti y ver tu voluntad hecha en mi vida.

❧

El corazón alegre se refleja en el rostro, el corazón dolido deprime el espíritu.

PROVERBIOS 15.13

Cuando necesito una nueva actitud

✑

Señor, te agradezco por tu gracia y por la fe que me has dado para recibirla. Ayúdame para que no olvide nunca que tu salvación es un don que me diste. No quiero dar esto por sentado. Quiero tener siempre una actitud humilde contigo por haberme salvado de una eternidad en el infierno y de un infierno aquí en la tierra. Ayúdame para nunca tener una actitud arrogante ni casual en cuanto a las bendiciones que me has dado, a no considerarlas como si hubiera hecho algo para merecerlas o ganarlas. Dame hoy una actitud renovada hacia ti.

✑

Porque por gracia ustedes han sido salvados mediante la fe; esto no procede de ustedes, sino que es el regalo de Dios, no por obras, para que nadie se jacte.

Efesios 2.8-9

Cuando necesito una nueva actitud

⚘

Señor, quiero que la primera cosa que haga cada día sea alabarte. Quiero despertar en la mañana pensando en ti con gozo en mi corazón porque estás a cargo de mi vida. Quiero poner mis peticiones delante de ti, aun antes de tener tiempo para preocuparme por ellas. Ayúdame a hacer eso todos los días para que la ansiedad y la depresión no tengan lugar en mí. Rectifica mi actitud para que sea de esperanza y llena de gozo.

⚘

Por la mañana, Señor, escuchas mi clamor;
por la mañana te presento mis ruegos, y quedo
a la espera de tu respuesta.

Salmo 5.3

Cuando necesito una nueva actitud

Señor, ayúdame a discernir las mentiras del enemigo para que no crea los pensamientos que no están alineados con tu verdad. Ayúdame a examinar mis pensamientos a la luz de tu Palabra en todo momento. Capacítame para purificar mis pensamientos y mi corazón de modo que el mal no encuentre lugar en mí. Haz los ajustes necesarios en mi actitud para que concuerde con la vida en tu reino. Haz que tu amor, tu paz, tu gozo, tu bondad, tu amabilidad y tu misericordia rebosen en mi corazón de forma que mi actitud sea una bendición para toda la gente en todo momento.

Examíname, Señor; ¡ponme a prueba!
purifica mis entrañas y mi corazón.

Salmo 26.2

Cuando necesito una nueva actitud

Querido Señor, te pido que limpies mi corazón de todo lo que no provenga de ti. Derrama tu Espíritu de nuevo en mi vida y limpia todas las actitudes y los sentimientos negativos. Renuévame el alma para que sea firme y fuerte. Purifica mi corazón derramando en él tu pureza y tu santidad. Alinea mis pensamientos con tus pensamientos para que la mente de Cristo se manifieste claramente en mí. Crea en mí un corazón limpio y renueva un espíritu recto dentro de mí para poder ser la persona pura que ideaste que fuera.

*Crea en mí, oh Dios, un corazón limpio, y
renueva la firmeza de mi espíritu.*

SALMO 51.10

Cuando necesito una nueva actitud

⌘

Señor, llena mi mente con tu verdad y no permitas que sea engañado. Ayúdame a tener control sobre mis pensamientos y a no darle entrada a ningún pensamiento opuesto a tus caminos. Quita de mí todos los pensamientos impuros o de pecado. Ayúdame para mantener el corazón limpio y puro delante de ti en todo momento para poder ser un vaso preparado para tu servicio. Cuando mi actitud no te glorifique, ajústala a tus normas.

⌘

«Yo, el Señor, sondeo el corazón y examino los pensamientos, para darle a cada uno según sus acciones y según el fruto de sus obras».

Jeremías 17.10

Cuando necesito una nueva actitud

❦

*S*eñor, ayúdame para vivir con la verdad en mi corazón y no darle lugar a las mentiras. Quiero morar en tu presencia donde todo tiene sentido y todo es verdad, y donde siempre hay esperanza. Transforma mi mente para tener una nueva perspectiva. Quita todos los pensamientos negativos o improductivos, y dame una nueva manera de pensar que no se conforme al mundo. Ayúdame para vivir en tu perfecta voluntad y probarles a todos los que me ven que la forma correcta de vivir es según tus estatutos. Capacítame para morar contigo de una manera firme y constante.

❦

¿Quién, Señor, puede habitar en tu santuario?
¿Quién puede vivir en tu santo monte? Sólo el
de conducta intachable, que practica la justicia
y de corazón dice la verdad.

Salmo 15.1-2

Cuando necesito una nueva actitud

❧

Señor, ayúdame a tener hoy una actitud buena, positiva, esperanzada, gozosa y brillante. Eleva mi espíritu y lléname de nuevo de tu gozo. Que tu gozo inunde mi corazón ahora mismo, con tanta abundancia que contagie a otras personas que me vean. Y cuando hable, que tu Espíritu de gozo también sea contagioso. Alabo tu nombre y te glorifico como el que levanta mi cabeza cuando estoy abatido. Tú eres mi Padre eterno, que me ha dado una vida maravillosa para toda la eternidad.

❧

Aclamen alegres al SEÑOR, habitantes de toda la tierra; adoren al SEÑOR con regocijo. Preséntense ante él con cánticos de júbilo.

SALMO 100.1-2

Cuando necesito una nueva actitud

✧

*S*eñor, te pido perdón por todas las actitudes malas o equivocadas que he tenido. Te confieso las veces que he pecado de esa forma. Sé que una mala actitud es una señal de falta de fe en ti. Cuando pienso que no me ayudarás, no me sanarás o no me mantendrás a salvo, muestro falta de fe. Cuando comience a sentirme mal porque las cosas no están saliendo como quiero, voy a confesarlo como orgullo. Purifica mi corazón y ayúdame a no caer en la trampa del enemigo al aferrarme a cualquier actitud que no sea santa o que no te glorifique, especialmente en mi propio hogar o entre los miembros de mi familia.

✧

Quiero triunfar en el camino de perfección:
¿Cuándo me visitarás? Quiero conducirme en
mi propia casa con integridad de corazón.

SALMO 101.2

Cuando necesito una nueva actitud

❧

eñor, te adoro y te bendigo con todo mi corazón y con toda mi alma. Gracias por todo lo que has
hecho por mí. Te doy gracias porque debido a que
vivo para ti, me has dado favor ante ti y con otras
personas. Ayúdame a ser una bendición para otros
adondequiera que vaya. Ayúdame a tener una paz
contagiosa y un anhelo esperanzador de lo que me
espera en la vida. Tú has dicho en tu Palabra que «el
que adquiere cordura, a sí mismo se ama, y el que
retiene el discernimiento prospera» (Proverbios
19.8*f*. Te pido que la sabiduría y el discernimiento
abunden en mi vida.

❧

Alaba, alma mía, al Señor; *alabe todo mi ser*
su santo nombre.

Salmo 103.1

Cuando necesito paz y contentamiento

ℭ

Querido Padre celestial, ayúdame a recordar que debido a tu amor por mí, siempre seré victorioso. Soy tu hijo y tú me has enseñado a ser ganador y a salir victorioso en todo lo que se me oponga. Tengo victoria porque estoy en Cristo. Ayúdame a creer todas las cosas buenas que dices acerca de mí para poder vivir en paz sin importar lo que ocurra en mi vida o en el mundo alrededor de mí. Ayúdame a descansar tan completamente en tu amor que no tema a lo que puede acontecer en el futuro.

ℭ

Sin embargo, en todo esto somos más que
vencedores por medio de aquel que nos amó.

ROMANOS 8.37

Cuando necesito paz y contentamiento

Señor, pido que tu paz que va más allá de todo entendimiento me invada el corazón y la mente ahora mismo. Ayúdame a vivir como quieres que viva y a caminar de forma recta, para encontrar el sendero de paz por el cual quieres que transite. Confieso que aunque te conozco y te amo y creo en ti, todavía tengo momentos en los que no tengo paz al escuchar lo que se dice alrededor de mí. A veces la falta de paz en otros me hace sentir menos paz. Ayúdame para mantener los ojos fijos en ti solamente, para poder permanecer en tu paz.

Observa a los que son íntegros y rectos: hay porvenir para quien busca la paz.

SALMO 37.37

Cuando necesito paz y contentamiento

❦

Querido Señor, ayúdame a conocer tu paz de una forma más profunda hoy. Cuando leo tu Palabra, la paz y el contentamiento me llenan el corazón. Ayúdame a conocer mejor tu Palabra cada vez que la lea. Ayúdame a entender la verdad que se encuentra en las Escrituras para poder siempre estar firme en el fundamento sólido que me provee. Cuando leo en cuanto a tus leyes, veo que son verdaderas y confiables, y cuando vivo de acuerdo a ellas, la vida marcha mejor. Ayúdame a conocer tus caminos y a seguirlos para nunca tropezar, caer ni fracasar.

❦

Los que aman tu ley disfrutan de gran
bienestar, y nada los hace tropezar.

Salmo 119.165

Cuando necesito paz y contentamiento

༄

*S*eñor, ayúdame a vivir de acuerdo a tus caminos obedeciendo tus leyes y haciendo lo que le instruyes a mi corazón. Sé que tanto una gran paz como un sentido de seguridad provienen de vivir de acuerdo a tus reglas. Ayúdame a estar contento con el lugar en que me encuentro ahora, sabiendo que cuando camino contigo, siempre me estás llevando a algún punto. Tú no me dejarás para siempre en el lugar en que estoy ahora. Al mismo tiempo, Señor, ayúdame a saber cómo y cuándo debo salir de donde estoy, me rehúso a estar contento con menos de lo que tienes para mí. Dame la paz que sobrepasa todo entendimiento a medida que aprendo a vivir según tus caminos.

༄

El producto de la justicia será la paz;
tranquilidad y seguridad perpetuas
serán su fruto.

Isaías 32.17

Cuando necesito paz y contentamiento

☙

Señor, ayúdame a tener la mente enfocada en ti y no en los acontecimientos estresantes alrededor de mí. Ayúdame a confiar tanto en ti que no tenga temor ni sea llevado de un lado a otro por mis emociones. Quiero tener una fe tan fuerte en ti que ni aun las malas noticias me desconcierten. Ayúdame a no tener temor de recibir malas noticias porque sé que tú estás a cargo de mi vida y que caminarás conmigo y me protegerás. También protege a las personas que amo y estimo. Ayúdalas para que confíen en ti y para que también te conozcan de una forma más profunda.

☙

Al de carácter firme lo guardarás en perfecta
paz, porque en ti confía.

Isaías 26.3

Cuando necesito paz y contentamiento

$\mathcal{S}$eñor, vengo a ti hoy y coloco todas mis cargas pesadas a tus pies. Quiero tu yugo y te doy gracias porque has prometido llevar estas cargas por mí. Gracias porque tu yugo es fácil y tu carga es liviana. Gracias por la paz y el descanso que tienes para mi alma. Ayúdame a entrar en ese descanso. Enséñame más acerca de ti y de tus caminos para vivir en tu paz. Sé que nunca voy a poder disfrutar del nivel de plenitud que tienes para mí si tengo desasosiego en mi alma.

«Vengan a mí todos ustedes que están cansados y agobiados, y yo les daré descanso. Carguen con mi yugo y aprendan de mí, pues yo soy apacible y humilde de corazón, y encontrarán descanso para su alma. Porque mi yugo es suave y mi carga es liviana».

MATEO 11.28-30

Cuando necesito paz y contentamiento

*S*eñor Jesús, estoy muy contento porque he puesto mi fe en ti. Gracias porque siempre me estás acercando más a ti y porque nunca desistirás en cuanto a mí. Gracias por perdonar todos mis pecados pasados y por continuar perdonándome a medida que te los confieso. Debido a eso, sé que mi futuro es seguro no solamente en esta vida, sino también en la eternidad contigo. Este conocimiento me da gran paz. Ayúdame a recurrir a ese conocimiento y a esa paz cada vez que comience a preocuparme por las cosas que están sucediendo —o no— en mi vida.

*En consecuencia, ya que hemos sido
justificados mediante la fe, tenemos paz con
Dios por medio de nuestro Señor Jesucristo.*

ROMANOS 5.1

Cuando necesito paz y contentamiento

CR

$\mathcal{Q}$uerido Señor, cuando comience a preocuparme por las cosas que suceden en mi vida, ayúdame a confiar en ti con todo mi corazón, sabiendo que estarás conmigo para guiarme y ayudarme. Cuando me frustre por lo que *no* está sucediendo en mi vida, ayúdame a no sólo depender de mi propio entendimiento de la situación, sino que pueda ver las cosas desde tu perspectiva, porque sé que tú quieres lo mejor para mí. Gracias porque escuchas el clamor de mi corazón cuando te busco en todo lo que hago. Te pido que continúes guiándome en el sendero que tienes para mí.

CR

Reconócelo en todos tus caminos,
y él allanará tus sendas.

PROVERBIOS 3.6

Cuando necesito paz y contentamiento

☙

Señor, elevo a ti las cosas en mi vida que tratan de quitarme la paz y el descanso. Te entrego las situaciones que enfrento y que siento que no puedo aceptar. Aunque me siento impaciente porque esas cosas cambien, ayúdame a aprender a estar contento y en paz en medio de ellas porque confío en que harás lo recto. Confío en que amas lo suficiente como para siempre sacar bien de una situación. Ayúdame a mantener los ojos fijos en ti y a mirar hacia delante al día cuando estas cosas ya no me perturben de ninguna manera.

☙

No digo esto porque esté necesitado, pues he aprendido a estar satisfecho en cualquier situación en que me encuentre.

Filipenses 4.11

Cuando necesito paz y contentamiento

✑

*S*eñor, no hay nada mejor que aprender a vivir una vida santa obedeciéndote en todas las cosas. ¡Y qué maravillosos son el contentamiento y la paz que viene de ello! Ayúdame a siempre estar agradecido y contento porque tengo lo que necesito. Ayúdame a no preocuparme por las cosas que quiero pero no tengo. Deposito en tus manos los deseos de mi corazón, sabiendo que bendices abundantemente a los que te aman y que les das a tus hijos los deseos de su corazón cuando viven alineados a tu voluntad.

✑

Es cierto que con la verdadera religión se obtienen grandes ganancias, pero sólo si uno está satisfecho con lo que tiene. Porque nada trajimos a este mundo, y nada podemos llevarnos. Así que, si tenemos ropa y comida, contentémonos con eso.

1 Timoteo 6.6-8

Cuando necesito paz y contentamiento

❧

*S*eñor, oro que como hijo tuyo, nunca te cause dolor ni te desilusione. Tú me has dado tanto y prometes que continuarás supliendo todas mis necesidades en el futuro. Ayúdame para nunca sentir codicia de lo que otros tienen. Tú has prometido que jamás me abandonarás cuando tenga necesidad, confío en eso. Ayúdame a confiar en ti tan plenamente que aun en los tiempos en que me preocupo por las finanzas o la provisión, me vuelva a ti y determine caminar en paz y estar contento con todo lo que me provees.

❧

*Manténganse libres del amor al dinero, y
conténtense con lo que tienen, porque Dios ha
dicho: «Nunca te dejaré;
jamás te abandonaré».*

Hebreos 13.5

Cuando necesito paz y contentamiento

*Q*uerido Señor, necesito un sentido más profundo de tu paz en mí hoy. Quita de mi corazón todo el temor, la duda y la preocupación, y reemplázalos con la paz que sólo tú puedes dar. Gracias porque tu paz me guardará la mente para no darle lugar a pensamientos que no me benefician. Gracias porque tu paz guardará mi corazón de emociones y sentimientos improductivos que sólo sirven para destrozarme la vida. Gracias porque la profundidad de tu paz es mayor que cualquier cosa que me pueda imaginar, y cuando vivo en ella, tu paz hace que mi vida sea plena.

Y la paz de Dios, que sobrepasa todo entendimiento, cuidará sus corazones y sus pensamientos en Cristo Jesús.

FILIPENSES 4.7

Cuando necesito paz y contentamiento

&

*S*eñor Jesús, te doy gracias porque moriste por mí para que pudiera estar cerca de ti siempre. Tú eres mi Dios y el Señor de mi vida. Debido a que te he invitado a que entres en mi corazón y te he recibido como mi Salvador, puedo caminar cerca de ti y disfrutar de toda la paz que tienes para mí. Ayúdame para siempre recordarlo, especialmente cuando la lucha y el desasosiego comiencen a apoderarse de mi alma. Ayúdame a recordar que tú eres mi paz, y que has roto todos los muros de separación que pudieran alguna vez interponerse entre tu presencia y yo.

&

Pero ahora en Cristo Jesús, a ustedes que antes estaban lejos, Dios los ha acercado mediante la sangre de Cristo. Porque Cristo es nuestra paz: de los dos pueblos ha hecho uno solo, derribando mediante su sacrificio el muro de enemistad que nos separaba.

Efesios 2.13-14

Cuando necesito paz y contentamiento

Señor, te pido tu protección sobre mi hogar y mi entorno. Te doy gracias porque debido a que te he proclamado Señor sobre todas las esferas de mi vida y porque escojo vivir de acuerdo a tus caminos todos los días, puedo descansar en paz sabiendo que me mantendrás seguro. Gracias por darme un lugar de descanso y un hogar sereno y pacífico. Oro que tu Espíritu de paz more allí y que les traiga paz a todos los que a él entran. Gracias por la sanidad que está obrando en mi mente, cuerpo y alma, debido a que tengo un hogar en el cual no hay contiendas.

Mi pueblo habitará en un lugar de paz, en moradas seguras, en serenos lugares de reposo.

Isaías 32.18

Cuando necesito más amor en mi vida

Padre celestial, te doy gracias por ser tu hijo y porque me amas. Ayúdame a nunca dudar en cuanto a tu amor por mí. Ayúdame a confiar tanto en tu amor por mí de modo que nunca sienta en la vida la falta de amor de otra persona, ya sea en mi pasado, presente o futuro. Señor, te entrego a cualquier persona en mi vida que no me amó de la forma en que tenía esperanzas de que me amara, o que no me amó como yo quería que lo hiciera. Tu amor es más grande que el amor humano, y nunca falla.

¡Fíjense qué gran amor nos ha dado el Padre,
que se nos llame hijos de Dios! ¡Y lo somos! El
mundo no nos conoce, precisamente porque no
lo conoció a él.

1 Juan 3.1

Cuando necesito más amor en mi vida

Señor, abro el corazón para recibir tu perfecto amor en la mente, las emociones, el alma y el espíritu. Ayúdame a entender la profundidad de tu amor en todo momento. Jesús, sé que eres el Hijo de Dios, y debido a que te he recibido en mi corazón, vives en mí y tu amor mora en mí. Ayúdame a vivir en tu amor y a no dudar que me amas. Ayúdame a cada vez tener más y más seguridad de tu amor para poder crecer y prosperar como lo hace el niño que tiene un padre amoroso.

Si alguien reconoce que Jesús es el Hijo de Dios, Dios permanece en él, y él en Dios. Y nosotros hemos llegado a saber y creer que Dios nos ama. Dios es amor. El que permanece en amor, permanece en Dios, y Dios en él.

1 Juan 4.15-16

Cuando necesito más amor en mi vida

Señor, sé que para poner mi vida en el orden adecuado, debo amarte a ti por sobre todas las cosas y las personas. Muéstrame las esferas en las cuales no te estoy amando con todo mi corazón, alma y mente. Revélame si tengo un corazón dividido y me voy a apartar de lo que sea que me divida la atención y me aparte de ti. Muéstrame lo que significa amarte con todo lo que hay dentro de mí.

Ama al Señor tu Dios con todo tu corazón, con todo tu ser y con toda tu mente —le respondió Jesús—. Éste es el primero y el más importante de los mandamientos.

MATEO 22.37-38

Cuando necesito más amor en mi vida

❧

Señor, hay algunos días cuando no me siento amado, y eso puede hacer que no me sienta amoroso con otros. Te confieso esos dos sentimientos como pecado. Tu Palabra dice que me amas, y todo lo que sé de ti me habla de tu amor por mí. Tú me das liberación porque me amas. Provees para mí porque me amas. Ayúdame a confiar en tu amor en todo momento. Ayúdame a estar libre de cualquier sentimiento de no sentirme amado, porque en ti tengo suficiente amor como para que me sane y tener sanidad completa.

❧

Nosotros que somos del día … estemos siempre en nuestro sano juicio, protegidos por la coraza de la fe y del amor, y por el casco de la esperanza de salvación.

1 Tesalonicenses 5.8

Cuando necesito más amor en mi vida

Señor, te doy gracias porque no hay nada que me pueda separar de tu amor. No hay ningún lugar al cual pueda ir que haga que me separe de ti. Si voy a la mayor profundidad, tú me ves. Si viajo al lugar más remoto del planeta, tu amor todavía me encuentra. Jesús, aun cuando todos te abandonaron, nunca estuviste solo, porque Dios estaba contigo. Ayúdame a sentir tu presencia santa de esa misma manera en mi vida.

*Miren que la hora viene, y ya está aquí,
en que ustedes serán dispersados, y cada uno
se irá a su propia casa y a mí me dejarán solo.
Sin embargo, solo no estoy,
porque el Padre está conmigo.*

Juan 16.32

Cuando necesito más amor en mi vida

Señor, lléname de tu amor para que rebose de mi vida hacia otras personas. Ayúdame a no tener un espíritu crítico para no ser cínico y perder el gozo. Ayúdame a no quejarme sino a ver tu bien en todas las situaciones. Enséñame a amar de la forma en que amas tú. Sé que nada de lo que logre en la tierra va a tener valor eterno a menos que camine con amor por ti en el corazón, Señor, y también por otros.

Si tengo el don de profecía y entiendo todos los misterios y poseo todo conocimiento, y si tengo una fe que logra trasladar montañas, pero me falta el amor, no soy nada.

1 Corintios 13.2

Cuando necesito más amor en mi vida

❧

Señor, te adoro y te doy gracias porque eres un Dios de amor. Lléname de tu amor hoy. Derrama tu amor en mi corazón ahora mismo, mientras te alabo. Porque te amo tanto, quiero guardar tu Palabra y obedecerte. Capacítame para vivir de acuerdo a tus caminos de forma que tu presencia nunca sea menor en mi vida. Te invito a que hagas tu hogar en mí hoy y todos los días.

❧

Le contestó Jesús: —El que me ama, obedecerá mi palabra, y mi Padre lo amará, y haremos nuestra vivienda en él.

JUAN 14.23

Cuando necesito más amor en mi vida

Señor, te doy gracias porque me amas tal como soy. Gracias por amarme lo suficiente como para no dejarme de la forma que soy, sino porque me has escogido para guiarme a una vida plena. Ayúdame a vivir en tu amor. Ayúdame a entender la clase de persona que me hiciste para poder avanzar en todo lo que tienes para mí. Sé que la sanidad emocional sólo puede suceder en presencia del amor incondicional. Y tu amor es el único lo suficientemente poderoso y completo como para darme sanidad.

*Así como el Padre me ha amado a mí,
también yo los he amado a ustedes.
Permanezcan en mi amor.*

Juan 15.9

Cuando necesito más amor en mi vida

❦

Señor, saber que me amas me da mucha paz. Ayúdame a amarte con un corazón puro, para que ninguna parte de mí ame algo o a alguien más de lo que te amo a ti. Ayúdame a tener amor en el corazón aun cuando tenga que enfrentar cosas y pruebas difíciles. Oro que tu amor me perfeccione y que traiga sanidad a mis relaciones y situaciones.

❦

Que gobierne en sus corazones la paz de Cristo, a la cual fueron llamados en un solo cuerpo. Y sean agradecidos.

COLOSENSES 3.15

Cuando necesito más amor en mi vida

❦

Querido Dios, te doy gracias porque aun antes de conocerte, me amaste lo suficiente para enviar a tu Hijo a morir por mí para que yo no tuviera que pagar el precio por mis pecados. Un amor tan grande es insondable. Ayúdame a amar a otras personas de la forma en que me amas. Ayúdame a sacrificar algo de mí mismo para poder mostrarles amor a las personas que están alrededor de mí. Ayúdame a hacerlo de una forma que pueda ser percibido.

❦

*En esto consiste el amor: no en que nosotros
hayamos amado a Dios, sino en que él nos
amó y envió a su Hijo para que fuera ofrecido
como sacrificio por el perdón de nuestros
pecados. Queridos hermanos, ya que Dios
nos ha amado así, también nosotros debemos
amarnos los unos a los otros.*

1 Juan 4.10-11

Cuando necesito más amor en mi vida

❧

*S*eñor, quiero entender completamente y sentir la profundidad de tu amor por mí. Lléname de tu amor hoy para que salpique a otras personas. Sé que el amor piadoso es mayor que la fuerza de la fe y de la esperanza. Que la plenitud de tu amor en mi vida traiga sanidad y que complete las partes de mi vida en las que no siento amor o que no son fáciles de amar. Cuando he sentido que no me aman, te pido que sanes esa herida. Dame la libertad de amar a otros de la forma en que tú los amas.

❧

Ahora, pues, permanecen estas tres virtudes:
la fe, la esperanza y el amor. Pero la más
excelente de ellas es el amor.

1 Corintios 13.13

Cuando necesito más amor en mi vida

Señor, sé que me amas y que me cuidas y que me conoces bien. Sabes adónde voy y lo que hago. Tú sabes todo en cuanto a mí y todavía me amas. Dios, oro que pueda sentir tu maravilloso amor, especialmente cuando no sienta que otros me conocen ni me aman. Cada vez que me encuentre en una situación social en la cual no conozca a nadie, ayúdame a sentir tu amor y tu conexión de una forma más profunda que nunca.

Sabes cuándo me siento y cuándo me levanto;
aun a la distancia me lees el pensamiento.
Mis trajines y descansos los conoces; todos mis
caminos te son familiares.

Salmo 139.2-3

Cuando necesito más fe

❧

Señor, te pido que me des más fe. Ayúdame a confiar en ti por las cosas que no veo. Ayúdame a creer en lo que espero. Te doy gracias de antemano por escuchar y responder a mis oraciones, aun cuando por algún tiempo no vea esas respuestas manifestadas. Ayúdame a no perder la esperanza cuando la respuesta a mis oraciones demore. Ayúdame a crecer más fuerte en la fe cuando espere en ti. Gracias por la sanidad y la restauración que están por llegar a mi vida.

❧

Ahora bien, la fe es la garantía de lo que se
espera, la certeza de lo que no se ve.

HEBREOS 11.1

Cuando necesito más fe

✑

Señor, te adoro y te doy la gloria que tu nombre merece. Te adoro en la belleza de tu santidad. Te agradezco porque mientras te adoro, tú haces que mi vida se conforme a tus propósitos. Ayúdame a cantar tus alabanzas aun cuando me despierte atribulado en la noche. Aun cuando sienta peso en el alma y no tenga ganas de cantar, te pido que pongas un cántico en mi corazón que se eleve de mí y que haga apartar las nubes oscuras. Ayúdame a conocer tu Palabra tan bien que pueda cantarla cuando te alabe.

✑

Que se alegren los fieles por su triunfo; que aun en sus camas griten de júbilo. Que broten de su garganta alabanzas a Dios, y haya en sus manos una espada de dos filos.

SALMO 149.5-6

Cuando necesito más fe

Señor, oro que quites todo el temor que tengo al fracaso. Quita cualquier duda que me atormente y que me diga que no soy lo suficientemente capaz de hacer las cosas bien. Cuando escuche la voz del enemigo diciéndome que lo que ideaste que yo fuera no es lo suficientemente bueno, ayúdame a resistirlo con tu verdad. Quita de mí cualquier duda perturbadora o temor de que finalmente haré algo muy mal y que voy a sufrir por eso. Ayúdame a confiar en ti con más fe y a no ser llevado de un lado a otro como un barco en una tormenta. Gracias porque tú eres mi ancla en todo tiempo.

Pero que pida con fe, sin dudar, porque quien duda es como las olas del mar, agitadas y llevadas de un lado a otro por el viento.

SANTIAGO 1.6

Cuando necesito más fe

⊘

Señor, ayúdame a tener la clase de fe poderosa que no da lugar a la duda cuando las cosas parecen marchar mal. Tengo fe en ti de que eres un Dios bueno. Tengo fe en tu amor por mí. Tengo fe de que eres el Dios de las cosas imposibles. Ayúdame a creer que harás lo imposible en mi vida. Ayúdame a tener fe cada vez que ore, de que escucharás mi oración y que la contestarás en tu tiempo perfecto y de acuerdo a tu perfecta voluntad para mi vida.

⊘

—¡Sí creo! —exclamó de inmediato el padre del muchacho—. ¡Ayúdame en mi poca fe!

Marcos 9.24

Cuando necesito más fe

❧

Señor, tú has dicho que el justo vivirá por fe. Ayúdame para vivir siempre con mi fe puesta en ti, en tu poder y en tu capacidad para hacer lo imposible. Ayúdame a continuar teniendo fe en que me amas y nunca me fallarás. Ayúdame a no caer en la actitud orgullosa de tener fe en mi propia habilidad de hacer que las cosas sucedan. Mantén recta mi alma dentro de mí, y corrige mi corazón y mi mente si no confío en tu inagotable mano de gracia.

❧

El insolente no tiene el alma recta, pero el justo
vivirá por su fe.

HABACUC 2.4

Cuando necesito más fe

❧

*S*eñor, te pido que me des una fe lo suficientemente fuerte como para creer que cuando oro recibiré sanidad para mi cuerpo y mi alma. Ayúdame a ser como la mujer a la que le dijiste en tu Palabra que su fe la había sanado. Señor, dame esa clase de fe fuerte, la fe que necesito para creer en tu toque sanador en mi cuerpo y mi alma. Quita toda la duda y revélame cualquier cosa en mí que pueda impedirme recibir la sanidad completa.

❧

—¡Hija, tu fe te ha sanado! —le dijo Jesús—.
Vete en paz y queda sana de tu aflicción.

Marcos 5.34

Cuando necesito más fe

⬧

Señor, en tu Palabra les dijiste a los dos ciegos que buscaban sanidad: «Se hará con ustedes conforme a su fe». Y tú los sanaste porque ellos creyeron que lo podías hacer. Tus palabras son muy serias y me hacen evaluar mi propia fe. Yo también necesito sanidad. Necesito que mis ojos sean abiertos para ver lo que debo ver. También necesito más fe para creer que puedes hacer esas cosas en mi vida. Y también estoy consciente de la posibilidad de que mi propia e *insuficiente* fe pueda estar impidiendo la sanidad que necesito. Auméntame la fe, oh Señor, para creer en la completa sanidad y la restauración que tienes para mí.

⬧

Entonces les tocó los ojos y les dijo: —Se hará con ustedes conforme a su fe.

MATEO 9.29

Cuando necesito más fe

Señor, a veces siento como que me estoy cayendo. Trato de caminar por encima de las cosas que amenazan ahogarme, pero a menudo siento como que voy a hundirme. Oro que si comienzo a caer, me extiendas tu mano, me atajes y me levantes. Por sobre todo, oro que mi fe sea tan fuerte que nunca pienses en mí como alguien de poca fe. Dame una fe grande para creer en las cosas grandes que quieres para mi vida.

En seguida Jesús le tendió la mano y,
sujetándolo, lo reprendió: —¡Hombre de poca
fe! ¿Por qué dudaste?

MATEO 14.31

Cuando necesito más fe

❦

Querido Señor, uno de mis deseos más grandes es poder orar por otras personas y verlas sanadas. Te pido que desarrolles en mí la clase de fe que sea lo suficientemente grande como para hacer algo maravilloso por la gente que sufre y que no tiene esperanza. Tú sanas, y en tu Palabra hiciste la conexión entre la fe y la sanidad. Dame la fe para creer no sólo por sanidad para mí, sino también para otras personas cada vez que ore por ellas.

❦

—¡Mujer, qué grande es tu fe! —contestó
Jesús—. Que se cumpla lo que quieres.
Y desde ese mismo momento
quedó sana su hija.

MATEO 15.28

Cuando necesito más fe

ॐ

*S*eñor, hoy necesito una fe que mueva montañas, porque en mi vida hay situaciones que parecen tan grandes como ellas y no puedo ni siquiera comenzar a moverlas. Pero creo en ti y en tu poder a favor de mí. De seguro que mi fe es tan grande como un grano de mostaza. Toma esa fe que tengo y haz que se convierta en un árbol gigante de fe para que les pueda hablar a los obstáculos del tamaño de una montaña, y verlos salir. Gracias, Señor, porque contigo nada es imposible.

ॐ

—Porque ustedes tienen tan poca fe —les
respondió—. Les aseguro que si tienen fe tan
pequeña como un grano de mostaza, podrán
decirle a esta montaña: «Trasládate de aquí
para allá», y se trasladará.
Para ustedes nada será imposible.

MATEO 17.20

Cuando necesito más fe

Señor, confieso que a veces tengo temor de que mis necesidades no sean suplidas. Me preocupo de que suceda algo y que no haya suficiente. Señor, dame fe para creer que siempre me capacitarás para tener lo que necesito. Quita de mí todo temor de que no proveerás para mí, y reemplázalo con fe más profunda en ti y en tu gran poder a favor de mí. Haz que mi fe aumente para creer en cosas que son más grandes de lo que aun puedo imaginar en este momento.

Si así viste Dios a la hierba que hoy está en el campo y mañana es arrojada al horno, ¡cuánto más hará por ustedes, gente de poca fe!

Lucas 12.28

Cuando necesito más fe

Querido Señor, te oro, como lo hicieron tus apóstoles, pidiéndote que me aumentes la fe. Si aquellos
que te vieron todos los días y fueron testigos de
tus obras maravillosas necesitaban pedirte más fe,
¿cuánto más lo necesito yo? Si aquellos que fueron
testigos de tus señales y milagros lucharon con la
duda, ¿cuán grande tal vez sea mi propia duda? No
quiero limitar lo que quieres hacer en mi vida por
causa de la duda, así que te pido que hagas que mi
fe sea lo suficientemente grande como para hacer
posible todo lo que quieres hacer *en* y *a través* de mí.
Dame fe para creer en la total restauración que quieres obrar en mi vida.

Entonces los apóstoles le dijeron al Señor:
—¡Aumenta nuestra fe!

LUCAS 17.5

Cuando necesito más fe

Señor, necesito la fe que cree que puedo salir victorioso sobre todo lo que se opone a mí. Dame la clase de fe que no le teme a la muerte, porque sé que tu rostro será el primero que veré en el cielo. Ayúdame a creer sin ninguna duda que eres mi sanador y mi libertador. Ayúdame a tener fe para creer que nunca me dejarás ni me abandonarás. Mi fe en ti me ha salvado eternamente. Que mi fe en ti sea lo suficientemente grande como para salvarme de mí mismo ahora.

—Tu fe te ha salvado —le dijo Jesús a la mujer—; vete en paz.

LUCAS 7.50

Cuando necesito más fe

❧

*S*eñor, sé que a nosotros, que somos tus hijos e hijas, nos has llamado a tener fe en ti y en tu capacidad para protegernos y guiarnos. Ayúdame a tener esa clase de fe, y a caminar en fe todos los días. Ayúdame a aprender a vivir por fe en todo lo que hago y a confiar en ti cada día, y por todas las cosas que cada día trae. Sé que mi quebrantamiento no puede ser sanado sin fe en tu capacidad y deseo de hacerlo. Confío en ti para que hagas lo necesario por restaurarme completamente.

❧

A la verdad, no me avergüenzo del evangelio,
pues es poder de Dios para la salvación
de todos los que creen: de los judíos
primeramente, pero también de los gentiles.
De hecho, en el evangelio se revela la justicia
que proviene de Dios, la cual es por fe de
principio a fin, tal como está escrito:
«El justo vivirá por la fe».

Romanos 1.16-17

Cuando necesito más fe

❧

Señor, siento como que mi fe es probada todos los días. Ayúdame a pasar esas pruebas para que mi fe sea fortalecida y brille como el oro puro. Ayúdame para que mi fe permanezca firme y constante, para que mis acciones te glorifiquen ante los ojos de la gente. Te pido que cada prueba por la que paso haga que mi confianza en ti y en tu Palabra sea cada vez más fuerte.

❧

*Esto es para ustedes motivo de gran alegría,
a pesar de que hasta ahora han tenido que
sufrir diversas pruebas por un tiempo. El oro,
aunque perecedero, se acrisola al fuego. Así
también la fe de ustedes, que vale mucho más
que el oro, al ser acrisolada por las pruebas
demostrará que es digna de aprobación, gloria
y honor cuando Jesucristo se revele.*

1 Pedro 1.6-7

Cuando necesito más fe

Señor, ayúdame a orar con más fe en mi propia sanidad y también por otras personas que están enfermas y que quieren ser sanadas. Tú has dicho que la oración de fe sanará al enfermo y que tú lo levantarás. Tú eres mi sanador, y te pido que mi fe en tu capacidad para sanar aumente más y más cada día. Uno de los grandes sueños que tengo es poder orar por la sanidad de las personas y ver que tú las sanas. Por favor, concédeme ese deseo de mi corazón. Responde mis oraciones pidiendo sanidad cuando te oro con fe.

La oración de fe sanará al enfermo
y el Señor lo levantará. Y si ha pecado,
su pecado se le perdonará.

SANTIAGO 5.15

Cuando necesito más fe

❧

$\mathcal{S}$eñor, sé que la fe únicamente no es suficiente, sino que también debo actuar en fe. Ayúdame a actuar y a comportarme como que creo lo que digo que creo. Aun ahora me regocijo por las cosas que confío que harás en mi vida. Tengo fe en tu Palabra; ayúdame a realizar las cosas que me estás enseñando. Decido creer que siempre escucharás mis oraciones y que las responderás. Ayúdame para actuar sobre esa fe para no sentir ansiedad al pensar en cómo van a resultar las cosas en mi vida.

❧

Como pueden ver, a una persona se le declara justa por las obras, y no sólo por la fe.

Santiago 2.24

Cuando necesito más fe

Señor, pongo mi fe en ti y no en otros. Sé que la sabiduría del hombre es nada comparada con la tuya. Pongo mi fe en tu poder y no en el de los simples hombres, porque no hay ningún poder más grande que el tuyo. Sólo tú puedes hacer lo imposible en mi vida. Estoy dependiendo de ti para que arregles o transformes mis circunstancias en muchas situaciones que enfrento. Auméntame la fe para creer que hasta que llegue el momento de estar contigo en la eternidad, me cuidarás aquí en la tierra.

Para que la fe de ustedes no dependiera de la sabiduría humana sino del poder de Dios.

1 CORINTIOS 2.5

Cuando necesito más fe

Señor, ayúdame a caminar por fe para no ser abatido por la duda debido a las situaciones que me rodean. Ayúdame para no dejar que lo que parece estar sucediendo alrededor de mí me angustie y haga que dude. Capacítame para que quite los ojos de las cosas que me atemorizan y para que en cambio los ponga en ti. Quiero caminar por fe todos los días. Ayúdame a levantarme todas las mañanas y decir: «Hoy caminaré en fe a través de todos los desafíos». Ayúdame a orar por todas las cosas y, entonces, una vez que haya orado, dejar la respuesta a esa oración en tus manos.

Vivimos por fe, no por vista.

2 Corintios 5.7

Cuando necesito más fe

❦

Señor, te doy gracias porque mi fe aumenta cada vez que leo tu Palabra. Oro para que mi fe crezca cada vez que hablo tu Palabra o que pienso en ella. Cuando lea la Biblia, ayúdame a entenderla y a aplicarla a mi vida. Ayúdame para actuar y hacer lo que tu Palabra me instruya. Ayúdame a aprenderla y a memorizarla. Y cada vez que la lea o la cite, auméntame la fe. Dame una fe fuerte en ti, en tus promesas y en tu Palabra. Graba tu Palabra en mi corazón para que mi fe siempre aumente.

❦

Así que la fe viene como resultado de oír el mensaje, y el mensaje que se oye es la palabra de Cristo.

ROMANOS 10.17

Cuando necesito hablar
palabras de vida

❧

$\mathcal{S}$eñor, te pido que hagas que mis labios hablen sólo cosas buenas y excelentes. Llena mi corazón de tu amor, tu paz, tu paciencia y tu bondad para que rebosen en mi boca. Ayúdame a hablar de cosas positivas y no negativas; palabras que den vida y no muerte. Sé que las palabras que hablo pueden dar bendiciones a mi vida o pueden impedir que estas lleguen a mi vida. Ayúdame para nunca cerrar el flujo de las bendiciones que tienes para mí por hablar palabras que no te glorifiquen.

❧

Escúchenme, que diré cosas importantes;
mis labios hablarán con justicia.

Proverbios 8.6

Cuando necesito hablar palabras de vida

✑

*S*eñor, te pido que me des la habilidad de hablar siempre las palabras correctas y en el tiempo correcto. Ayúdame para ser como el erudito más capacitado que con facilidad siempre pueda escoger palabras que sanen, calmen, edifiquen y alienten a las personas con quienes hable. Ayúdame a mirar alrededor de mí y a enfocarme completamente en los que necesitan la clase de consuelo y aliento que les puede traer una palabra dicha al tiempo apropiado. Capacítame para tener las palabras perfectas para cada situación y necesidad.

✑

El Señor omnipotente me ha concedido tener
una lengua instruida, para sostener con mi
palabra al fatigado.

Isaías 50.4

Cuando necesito hablar palabras de vida

❧

Señor, sé que como hijo tuyo, las palabras que hablo te deberían representar bien. Oro que mi corazón esté tan lleno de tu Espíritu que sólo hable las palabras que me des. Que las palabras que hable coloquen un fundamento de amor y propósito en las vidas de otras personas. Ayúdame para no hablar nunca palabras destructivas, ni para mí ni para otras personas. Sé que lo que digo puede dar vida, no sólo a otras personas sino también a mí mismo.

❧

He puesto mis palabras en tu boca y te he cubierto con la sombra de mi mano; he establecido los cielos y afirmado la tierra, y he dicho a Sión: «Tú eres mi pueblo».

Isaías 51.16

Cuando necesito hablar
palabras de vida

Señor, sé que lo que hay en mi corazón finalmente será revelado por lo que digo. Si mi corazón está lleno de amargura, celos o enojo, eso va a salir en un momento de debilidad y va a destruir y herir a otras personas. Así que oro que crees en mí un corazón limpio y que lo llenes de tu amor, tu gozo y tu paz. Que mi corazón esté tan lleno del Espíritu Santo que de mis labios sólo salgan palabras santas, llenas del Espíritu y ungidas que vivifiquen a todos los que las escuchan.

Camada de víboras, ¿cómo pueden ustedes que son malos decir algo bueno? De la abundancia del corazón habla la boca.

MATEO 12.34

Cuando necesito hablar
palabras de vida

❦

Señor, te pido que me des las palabras perfectas para decir cada vez que debo hablar; ya sea una conversación con una persona, o una conversación casual o frente a un grupo de personas. No quiero estar siempre preocupado por lo que voy a decir, o sentir preocupación porque temo no haber dicho lo correcto, o sentirme mal por haber dicho algo errado. Señor, sé por tu Palabra que me puedes dar las palabras que debo decir y el tiempo perfecto en cuanto a cuándo decirlas. Te pido que me des esa habilidad siempre.

❦

Pero cuando los arresten, no se preocupen por lo que van a decir o cómo van a decirlo. En ese momento se les dará lo que han de decir.

MATEO 10.19

Cuando necesito hablar
palabras de vida

℘

𝒮eñor, ayúdame a guardar mis labios para no decir palabras huecas o destructivas. Me arrepiento de cualquier tiempo en que haya dicho palabras que pueden haber herido a alguien o que tal vez hicieron sentir mal a algunas personas. Ayúdame a tener cuidado en cuanto a las palabras que pronuncio para que siempre traigan vida, amor y aliento a otras personas. Sé que las palabras que hablo pueden establecer el escenario en mi vida para el bien o para el mal. Ayúdame a hablar palabras que edifiquen y no que destruyan.

℘

El que refrena su boca y su lengua se libra de
muchas angustias.

PROVERBIOS 21.23

Cuando necesito hablar
palabras de vida

❧

Señor, ayúdame siempre a saber cuándo debo
hablar y cuándo debo guardar silencio. Ayúdame a
no revelar secretos que otros quieren que mantenga
en privado. Pon un freno en mi boca para que no sea
un chismoso que traiciona la confianza, sino que te
pido que me ayudes a ser una persona discreta que
tiene la habilidad de mantener las cosas en privado. Ayúdame para no ser alguien que siempre esté
hablando y que no escucha. Haz de mí una persona
con un espíritu fiel que puede escuchar cuidadosamente y hablar con discreción.

❧

*La gente chismosa revela los secretos; la gente
confiable es discreta.*

PROVERBIOS 11.13

Cuando necesito hablar palabras de vida

⁊

*S*eñor, ayúdame a no traer condenación a mi vida por las palabras que hablo. No quiero traer juicio sobre mí mismo por las cosas necias o descuidadas que digo. En cambio, ayúdame a hablar palabras que traen salvación, amor y alegría a otros. Enséñame a hablar palabras positivas sobre mí mismo y acerca de mi vida. Ayúdame para no decir nunca palabras que no te den gloria o que entristezcan al Espíritu Santo. Pon guarda sobre mi boca para que mis palabras den vida a los que me escuchen.

⁊

Porque por tus palabras se te absolverá, y por tus palabras se te condenará.

MATEO 12.37

Cuando necesito hablar palabras de vida

ꙮ

Señor, ayúdame a no hablar mal de nadie ni a quejarme de las personas. Sé que estas acciones serán severamente juzgadas y que seré condenado por ellas. No quiero obstaculizar las bendiciones que tienes para mí por mi pensamiento crítico o por hablar de otros. Espíritu Santo, llena mi corazón de convicción si alguna vez comienzo a decir algo acerca de alguna persona que la pueda exponer a una luz negativa. Ayúdame a ver lo bueno en todos y a hablar palabras que saquen lo mejor de esas personas.

ꙮ

No se quejen unos de otros, hermanos,
para que no sean juzgados.
¡El juez ya está a la puerta!

SANTIAGO 5.9

Cuando necesito hablar palabras de vida

❧

Señor, ayúdame a guardar mi boca para que no peque cuando hablo. Ayúdame a siempre hablar la verdad que proviene de un corazón amoroso que está lleno de tu Espíritu. Quiero caminar tan cerca de ti que pueda escuchar tu voz diciéndome qué debo hacer y cuándo. En especial, ayúdame a nunca hablar palabras que menosprecien a una persona ante los ojos de otra. Guárdame para que nunca diga nada que te duela.

❧

Me dije a mí mismo: «Mientras esté ante gente malvada vigilaré mi conducta, me abstendré de pecar con la lengua, me pondré una mordaza en la boca».

Salmo 39.1

Cuando necesito hablar
palabras de vida

❧

Señor, ayúdame para que nunca hable blasfemias. En especial, te pido que nunca hable palabras que te blasfemen a ti o a tu Espíritu Santo. No está en mi corazón hacerlo, me produce dolor pensar que lo pueda hacer. Nadie puede conocerte, Espíritu Santo, y decir algo en contra de ti, excepto una persona que sea totalmente guiada por su lujuria. Ayúdame a sólo hablar palabras de amor, bendición y alabanza a ti y sobre ti todos los días de mi vida.

❧

A cualquiera que pronuncie alguna palabra contra el Hijo del hombre se le perdonará, pero el que hable contra el Espíritu Santo no tendrá perdón ni en este mundo ni en el venidero.

Mateo 12.32

Cuando necesito hablar palabras de vida

Señor, sé que no puedo tener la restauración y las bendiciones que tienes para mí si no me cuido de lo que digo. Porque sé que por mis palabras puedo traer una bendición o una maldición sobre mí. Quita todos los pensamientos destructivos y negativos que tengo, para que no se expresen cuando hablo. Quita de mí todas las actitudes críticas o condenatorias y cualquier orgullo que haya en mí, para que no sufra las consecuencias de hablar reflejando esas actitudes. Ayúdame a proteger mi vida con las palabras que digo.

El que refrena su lengua protege su vida, pero el ligero de labios provoca su ruina.

Proverbios 13.3

Cuando necesito hablar
palabras de vida

α

Señor, tu Palabra dice que no es lo que entra en mi boca lo que me contamina, sino lo que sale de ella. Oro que no arruine todo lo que quieres hacer en mi vida, y la restauración que estás obrando en mí, al permitir que salgan de mi boca palabras que no son limpias, puras, alentadoras ni edificantes. Rectifica todo lo que no es recto dentro de mi corazón, para que eso no se refleje en la forma en que hablo. Ayúdame a hablar siempre palabras de vida, amor y aliento.

α

Lo que contamina a una persona no es lo que entra en la boca sino lo que sale de ella.

MATEO 15.11

Cuando necesito hablar
palabras de vida

❧

Querido Señor, dame un corazón tan lleno de tu amor y tu paz que sólo hable palabras que den vida y no muerte a la gente y a las situaciones que enfrento. Que las palabras de mi boca siempre sean sabias y justas. Que tus leyes y tus mandamientos estén tan grabados en mi corazón que la bondad y la justicia sean los frutos de mis labios. Sé que contigo siempre estaré en tierra firme, y que si vivo de acuerdo a tus caminos no me saldré del sendero que trazaste para mí. Ayúdame a guardar cuidadosamente las palabras que salen de mis labios para que siempre te glorifiquen.

❧

En la lengua hay poder de vida y muerte;
quienes la aman comerán de su fruto.

PROVERBIOS 18.21

Cuando necesito permanecer fuerte en tiempos de debilidad

☙

Señor, te pido que todos los días que camine contigo, pueda fortalecerme más y más. Porque dependo de ti, sé que es tu fortaleza y no la mía la que me capacitará para hacerlo, porque de otra manera no podría suceder. En cada esfera en que me siento débil, declaro que soy fuerte debido a que tú, Señor, el Dios Todopoderoso del universo, estás conmigo. Gracias por compartir tu poder ilimitado conmigo. Gracias por bendecirme con tu gran poder en mi debilidad. Muestra tu poder y tu fortaleza en mí hoy.

☙

Que diga el cobarde: «¡Soy un valiente!»

Joel 3.10

Cuando necesito permanecer fuerte en tiempos de debilidad

Señor, te doy gracias porque me das la fortaleza para vivir cada día y para enfrentar lo que debo enfrentar. Lo más grande que enfrento hoy no es nada comparado con tu habilidad para hacer milagros. Fortaléceme por el poder de tu Espíritu para que pueda permanecer firme y valiente en medio de situaciones que me intimidan. Dame poder para elevarme sobre la oposición y cualquier poder que pueda tener a medida que enfrento los desafíos de mi vida en este momento. Gracias porque puedo hacer todo en Cristo que me fortalece.

Todo lo puedo en Cristo que me fortalece.

FILIPENSES 4.13

Cuando necesito permanecer fuerte en tiempos de debilidad

Señor, te doy gracias porque me fortaleces en mi debilidad. Gracias porque compartes tu poder con los que amas, sé que soy uno de tus hijos amados. Debido a eso no tengo que sentir temor en tiempos de debilidad. Es más, cuando me siento más débil es cuando tú te muestras más fuerte en mi vida. Tomo de tu poder y tu fortaleza hoy y avanzo sin temor para hacer tu voluntad, pidiéndote que me ayudes a permanecer firme en todo lo que sé de ti.

Por último, fortalézcanse con el gran poder del Señor.

Efesios 6.10

Cuando necesito permanecer fuerte en tiempos de debilidad

Señor, ayúdame a permanecer firme especialmente cuando mis oraciones no hayan sido contestadas. Ayúdame a no desanimarme, sino a continuar en fe. Entré por la puerta estrecha cuando te recibí, ahora necesito tu ayuda para permanecer en el camino angosto de la vida que ideaste para mí. Ayúdame a permanecer firme contra toda tentación a desobedecerte. Capacítame para ser uno de los pocos que encuentran todo lo que tienes para los que te siguen.

Pero estrecha es la puerta y angosto el camino que conduce a la vida, y son pocos los que la encuentran.

Mateo 7.14

Cuando necesito permanecer fuerte en tiempos de debilidad

❧

*S*eñor, cuando mi mundo se estremezca, ayúdame a recordar que tú eres inamovible. Cuando me sienta débil, ayúdame a sentir la fortaleza que me da poder para elevarme por encima de mis circunstancias. Cuando tenga miedo, ayúdame a alabarte en medio del temor. Cuando necesite permanecer firme contra desafíos abrumadores, ayúdame a recordar todas las grandes cosas que ya has hecho por mí. Que esos recuerdos me aumenten la fe y me den valor para seguir adelante. Que provoque una alabanza de todo corazón por lo que estás por hacer en mi vida.

❧

Pero los exhorto a temer al Señor
y a servirle fielmente y de todo corazón,
recordando los grandes beneficios que él ha
hecho en favor de ustedes.

1 Samuel 12.24

Cuando necesito permanecer fuerte en tiempos de debilidad

❦

Señor, te confieso mis debilidades, no como pecado, sino como una parte del reconocimiento total de mi necesidad de tu poder en mi vida. Cuando soy débil, te pido que seas fuerte en mí. Fortaléceme con el poder de tu Espíritu Santo. Ayúdame a depender de tu fortaleza y no de la mía. Ayúdame a permanecer firme en tu poder y no en mi propio esfuerzo. En los próximos días no voy a tratar de hacer que las cosas se arreglen, sino que voy a depender completamente de tu Espíritu para que todas las situaciones en mi vida lleguen a su conclusión perfecta.

❦

Así que el ángel me dijo: «Ésta es la palabra del Señor para Zorobabel: No será por la fuerza ni por ningún poder, sino por mi Espíritu —dice el Señor Todopoderoso».

Zacarías 4.6

Cuando necesito permanecer fuerte en tiempos de debilidad

❦

$\mathscr{S}$eñor, ayúdame a ponerme toda la armadura que has provisto para mí, para poder permanecer firme contra el enemigo. Ayúdame a permanecer firme en tu Palabra y a obedecer tus caminos. Ayúdame a permanecer fuerte en la fe para no vacilar cuando enfrento circunstancias ominosas. Ayúdame a tener poder cuando te alabo y te adoro por lo que eres y por todo lo que haces. Ayúdame a ser fuerte con tu fortaleza.

❦

Pónganse toda la armadura de Dios para que puedan hacer frente a las artimañas del diablo.

EFESIOS 6.11

Cuando necesito permanecer fuerte en tiempos de debilidad

❦

Señor, cuando me siento débil, me vuelvo a ti porque tú eres mi fortaleza. Cuando me siento más débil que nunca, tú me das un cántico en el corazón. Es un cántico de alabanza a ti que puedo cantar cuando el temor amenaza apoderarse de mí. Porque tú me has salvado y me has rescatado de una vida errante y de la muerte, ahora puedo depender de ti para que me guíes, me liberes, me sanes y me des fortaleza. Ayúdame a recordar que tú eres mi fortaleza en tiempos de angustia, y mi roca en la cual puedo permanecer firme todos los días.

❦

El Señor es mi fuerza y mi canto;
¡él es mi salvación! Gritos de júbilo y victoria
resuenan en las casas de los justos: ¡La diestra
del Señor realiza proezas!

Salmo 118.14-15

Cuando necesito permanecer fuerte en tiempos de debilidad

*Gracias, Señor, porque tú eres fuerte en mi debilidad. Por favor, perfecciona tu poder y tu fortaleza en mí. En las esferas en que me siento más débil, te pido que tu fortaleza sea revelada en mí como una fuerza que sea reconocida. Sé que las cosas que me has llamado a hacer, aun en los requerimientos diarios de la vida, no las puedo hacer sin ti. Fortaléceme para correr la carrera todos los días con grandes esperanzas de victoria.

*Pero él me dijo: «Te basta con mi gracia,
pues mi poder se perfecciona en la debilidad.»
Por lo tanto, gustosamente haré más
bien alarde de mis debilidades, para que
permanezca sobre mí el poder de Cristo.*

2 Corintios 12.9

Cuando necesito permanecer fuerte en tiempos de debilidad

❦

*S*eñor, vengo a ti para tomar de tu fortaleza y tu poder. Te pido que estés conmigo para fortalecerme en todas las esferas en que me siento débil. Te pido que me ayudes a permanecer fuerte, sin importar lo que venga en contra de mí. Líbrame de las cosas que traten de destruirme. Tu poder es mucho más grande que el que puedo temer que me destruya. Gracias porque debido a que me acerco a ti, siempre estás cerca de mí para ser mi fortaleza.

❦

Pero tú, Señor, no te alejes; fuerza mía,
ven pronto en mi auxilio.

Salmo 22.19

Cuando necesito permanecer fuerte
en tiempos de debilidad

◎

*S*eñor, ayúdame a ser fuerte en ti. Perdóname si alguna vez he vacilado en decir públicamente que tú eres mi Señor y que creo en ti por temor a las críticas o a los juicios de otros. Ayúdame a permanecer firme en medio de cualquier clase de oposición o discriminación. Protégeme de los chismes o de la difamación. Mantén mi reputación a salvo del criticismo de aquellos que quieran arruinarla. Gracias porque soy tu hijo, y no necesito estar avergonzado de nada que ocurra en mi vida, porque tú o traes restauración a esa esfera de mi vida o la has permitido por un gran propósito que será revelado.

◎

*Por cuanto el Señor omnipotente me ayuda,
no seré humillado. Por eso endurecí mi rostro
como el pedernal, y sé que no seré avergonzado.*

Isaías 50.7

301

Cuando necesito permanecer fuerte en tiempos de debilidad

❦

Señor, me acerco a ti para morar en tu presencia. No puedo enfrentar todo lo que tengo por delante a menos que estés conmigo y me des fortaleza. Tú eres mi ayuda en tiempos de necesidad y mi escudo en medio de la batalla. Necesito tu fortaleza y tu poder en mi vida hoy para que me sostengan y me mantengan firme. Confieso que a veces me siento demasiado débil como para hacer lo que me has llamado a hacer, aun en mi vida cotidiana. Gracias por ayudarme a mantenerme firme en todo tiempo.

❦

Esperamos confiados en el Señor;
él es nuestro socorro y nuestro escudo.

Salmo 33.20

Cuando necesito permanecer fuerte en tiempos de debilidad

$\mathcal{S}$eñor, ayúdame a estar alerta en oración. Ayúdame a ser tan fuerte en mi fe que nada me perturbe para poder permanecer firme a través de cualquier situación. Ayúdame a tener el valor para enfrentar mis desafíos y para no querer correr y esconderme. Ayúdame a ser constante en las cosas que sé acerca de ti y con diligencia aprender cada día más de ti. Capacítame para nunca darle lugar a la debilidad en la forma en que vivo y conduzco mi vida. Que tu poder y tu fuerza se revelen en mí cada día más.

Manténganse alerta; permanezcan firmes en la fe; sean valientes y fuertes.

1 Corintios 16.13

Cuando necesito permanecer fuerte en tiempos de debilidad

Señor, cuando me sienta débil, ayúdame a recordar que tú eres fuerte. Ayúdame a confiar en tu fortaleza y a no dudar de ella, sin importar lo que esté sucediendo. Espero en tu fortaleza para que me renueve para elevarme por encima de las cosas que amenazan apoderarse de mi vida. Los desafíos que enfrento son demasiado para mí, el sólo escucharlos me debilitaría si no fuera por mi fe en ti y en las promesas que tienes para mí.

Él fortalece al cansado y acrecienta las fuerzas del débil. Aun los jóvenes se cansan, se fatigan, y los muchachos tropiezan y caen; pero los que confían en el SEÑOR renovarán sus fuerzas; volarán como las águilas: correrán y no se fatigarán, caminarán y no se cansarán.

ISAÍAS 40.29-31

Cuando necesito permanecer fuerte en tiempos de debilidad

❦

Señor, elevo mis ojos a ti hoy para que me fortalezcas. En mí mismo, me siento demasiado débil como para enfrentar las pruebas y los desafíos de mi vida, pero en ti tengo una plaza fuerte en la cual morar que no puede ser movida ni penetrada. Tú me proteges y me elevas del suelo movedizo llevándome a un lugar que es sólido como la roca. Te invito para que despliegues tu fuerza en mí ahora mismo y me des paz más allá de todo entendimiento. El conocimiento de que tu poder está en mí me da mucho gozo.

❦

El Señor fortalece a su pueblo; el Señor bendice a su pueblo con la paz.

Salmo 29.11

Cuando necesito permanecer fuerte
en tiempos de debilidad

❦

*S*eñor, te doy gracias porque siempre puedo ver tu bondad en mi vida, y sé que la continuaré viendo en el futuro. Aun cuando pierda las esperanzas y no pueda tener gozo en el corazón, puedo vivir en fe con que mi esperanza está en ti y tu gozo una vez más se elevará en mi alma. Eso sucederá de este lado del cielo. Cuando tenga problemas para mantenerme firme en ciertas situaciones difíciles, ayúdame para no desalentarme y darle lugar al desánimo. Te pido que seas mi fortaleza. Vierte en mí tu poder para que pueda llegar a ser valiente e invencible.

❦

Pero de una cosa estoy seguro:
he de ver la bondad del Señor
en esta tierra de los vivientes.

Salmo 27.13

Cuando necesito permanecer fuerte en tiempos de debilidad

eñor, espero en ti porque tú eres mi Señor y confío en que sabrás cuál es el mejor tiempo para cumplir las promesas que me has hecho. Dependo de ti en todo momento, pero especialmente cuando me siento débil enfrentando oraciones no contestadas y sueños que aún no se han realizado. Dame la fe y la paciencia que necesito para descansar en tu tiempo. Tú eres mi fortaleza, y te pido que me capacites para ser fuerte y tener el cuerpo, la mente y el alma sanos mientras espero que te muevas en mi vida.

Pon tu esperanza en el SEÑOR; ten valor, cobra ánimo; ¡pon tu esperanza en el SEÑOR!

SALMO 27.14

Cuando necesito permanecer fuerte en tiempos de debilidad

⌀uerido Señor, te alabo porque eres mi Dios Todopoderoso y omnisciente. Tú eres mi escudo cuando me siento vulnerable. Tú eres mi protección cuando me siento amenazado. Tú eres mi roca cuando siento que estoy en terreno movedizo. Confío en ti para que me mantengas firme. Ayúdame a apoyarme sólo en ti cuando necesite permanecer firme y resistir la tentación de apoyarme en algo o en alguien más. Cuando me siento débil, elevo mi alabanza a ti, regocijándome porque en ti he encontrado mi fortaleza.

El Señor es mi fuerza y mi escudo; mi corazón en él confía; de él recibo ayuda. Mi corazón salta de alegría, y con cánticos le daré gracias.

Salmo 28.7

Cuando necesito recordar
quien soy en Cristo

$\mathcal{G}$racias, Señor, porque soy una nueva criatura en Cristo, todas las cosas del pasado han quedado atrás ahora. Tú has hecho *nuevas* todas las cosas, eso quiere decir que todo lo viejo en mi vida ha pasado. Ya no tengo que estar encadenado a la forma de pensar de antes, ni a las actitudes de antes, ni a la forma de hacer las cosas de antes que no dan resultado. No tengo que dejar que las limitaciones antiguas me retengan. Ayúdame a recordar que soy una nueva creación en todos los aspectos y a vivir de esa forma. Ayúdame a recordar que me ves a través de mi futuro y no de mi pasado.

*Por lo tanto, si alguno está en Cristo, es una
nueva creación. ¡Lo viejo ha pasado, ha
llegado ya lo nuevo!*

2 Corintios 5.17

Cuando necesito recordar
quien soy en Cristo

Querido Señor, te doy gracias porque me has escogido para ser tu hijo. Gracias porque me has adoptado en tu familia y eres mi Padre celestial. Ayúdame en todo momento a recordar tu amor de Padre por mí. Por lo que has hecho, Jesús, puedo ser santo y sin culpa delante de ti; algo que nunca podría haber logrado en toda una vida tratando de hacer lo recto. Ayúdame a recordar y a entender quién soy en Cristo.

*Dios nos escogió en él antes de la creación
del mundo, para que seamos santos y sin
mancha delante de él. En amor nos predestinó
para ser adoptados como hijos suyos
por medio de Jesucristo, según el buen
propósito de su voluntad.*

EFESIOS 1.4-5

Cuando necesito recordar
quien soy en Cristo

⌘

Querido Dios, gracias porque debido a que te amo
y te he hecho Señor de mi vida, tú eres mi Padre
celestial y soy un heredero en tu reino. Gracias,
porque aunque sin ti soy una persona necesitada
en espíritu, soy rica y próspera en mi alma por lo
que has hecho por mí. Gracias, porque aunque era
pobre en espíritu, tú me escogiste para ser rico en fe.
Ayúdame a recordar siempre que soy tu hijo y que
tengo una herencia rica en ti, tanto ahora como en
la eternidad.

⌘

¿No ha escogido Dios a los que son pobres
según el mundo para que sean ricos
en la fe y hereden el reino que prometió
a quienes lo aman?

SANTIAGO 2.5

Cuando necesito recordar
quien soy en Cristo

⚜

𝒢racias, Señor, porque tú eres un Dios que cumple sus promesas. Nunca fallan, y yo soy tu siervo, para quien estas promesas fueron hechas. Me dirijo a ti hoy para recibir de tu mano todo lo que tienes para mi vida, y te pido que todas tus promesas sean cumplidas en mí. Límpiame de cualquier lujuria de la carne, deseo o meta que no sea lo mejor para mi vida. Límpiame de cualquier cosa que me impida llegar a ser todo lo que ideaste que fuera en Cristo.

⚜

Como tenemos estas promesas, queridos hermanos, purifiquémonos de todo lo que contamina el cuerpo y el espíritu, para completar en el temor de Dios la obra de nuestra santificación.

2 Corintios 7.1

Cuando necesito recordar
quien soy en Cristo

⁓

*S*eñor, te doy gracias porque debido a que creo en ti y te he recibido en mi corazón, soy hijo de Dios y todo lo que tengo viene de Dios. Tú eres mi Padre celestial, y debido a eso puedo reclamar la herencia que tienes guardada especialmente para mí. Ayúdame a entender todo lo que tienes para mí para poder recibirlo. Si hay cosas que quieres para mi vida y todavía yo no me estoy moviendo para reclamarlas, ayúdame a entender cuáles son. Ayúdame a caminar en la libertad que me has dado para disfrutar.

⁓

Mas a cuantos lo recibieron,
a los que creen en su nombre,
les dio el derecho de ser hijos de Dios.

JUAN 1.12

Cuando necesito recordar
quien soy en Cristo

❦

Señor, te doy gracias porque me has creado para tener parte en tu naturaleza divina. Gracias porque debido a que estoy en Cristo, puedo escapar de la lujuria y la corrupción del mundo y ser preservado para tu reino. Te doy gracias por tus magníficas promesas para mí. Ayúdame a guardarlas en mi corazón y a recordarlas todos los días. Ayúdame a aferrarme a ti y a tus promesas para mi vida y a no aferrarme a antiguos temores y dudas. Ayúdame a entender completamente la persona que planeaste que fuera en Cristo.

❦

Su divino poder, al darnos el conocimiento de aquel que nos llamó por su propia gloria y potencia, nos ha concedido todas las cosas que necesitamos para vivir como Dios manda. Así Dios nos ha entregado sus preciosas y magníficas promesas para que ustedes, luego de escapar de la corrupción que hay en el mundo debido a los malos deseos, lleguen a tener parte en la naturaleza divina.

2 Pedro 1.3-4

Cuando necesito recordar
quien soy en Cristo

☙

Señor, ayúdame a entender todas las cosas que son verdad acerca de ti. Ayúdame para recordar siempre que eres un Dios bueno. Sin importar lo que esté sucediendo en mi vida, sé que lo usarás para bien porque soy tu hijo. Enséñame tus leyes y capacítame para vivir de la forma en que debería vivir, porque sé que sólo puedo encontrar la plenitud que tienes para mí si te obedezco en todo. Ayúdame para recordar siempre que pagaste un precio por mí y que yo te debo la vida en todo sentido.

☙

Bueno y justo es el Señor; por eso les muestra
a los pecadores el camino.

Salmo 25.8

Cuando necesito recordar
quien soy en Cristo

❧

*S*eñor, te doy gracias porque has ganado la batalla sobre la muerte y el infierno, y debido a eso siempre voy a prevalecer sobre el enemigo. Tú me has elevado por encima de cualquier amenaza del enemigo. Debido a que estoy en Cristo, soy victorioso. Soy un ganador. Ayúdame a vivir como la persona victoriosa que me has hecho. Ayúdame a caminar en la victoria que tienes para mí en todas las esferas de mi vida. Capacítame para ganar en la vida y así poder cumplir el propósito para el cual me creaste.

❧

El Señor marchará como guerrero;
como hombre de guerra despertará su celo.
Con gritos y alaridos se lanzará al combate,
y triunfará sobre sus enemigos.

Isaías 42.13

Cuando necesito recordar
quien soy en Cristo

❦

Señor, ayúdame a recordar que no importa lo que suceda en mi vida, te pertenezco. En la vida y en la muerte soy tuyo. Aun cuando fracase, me descamine o haga cosas necias, tú todavía me amas y te pertenezco. Aun cuando olvide orar o leer tu Palabra, todavía soy tuyo. Entrego mi vida en tus manos y todo lo que he retenido en la vida te lo doy, para tratar de que obres. Quiero que estés a cargo desde ahora en adelante.

❦

Si vivimos, para el Señor vivimos; y si morimos, para el Señor morimos. Así pues, sea que vivamos o que muramos, del Señor somos.

Romanos 14.8

Cuando necesito recordar
quien soy en Cristo

❧

*P*adre, ayúdame a ser más como Jesús. Ayúdame a buscarte temprano por la mañana, al igual que Jesús. Que cuando me despierte, mis primeros pensamientos sean sobre ti. Tú me has creado para ser una persona que ora, un hijo que busca tu presencia con frecuencia. Sé que nunca voy a poder entender quién soy en Cristo si no paso tiempo a solas contigo como lo hacía Jesús. Capacítame para pasar tiempo dedicado completamente a ti a través del día.

❧

Muy de madrugada, cuando todavía estaba
oscuro, Jesús se levantó, salió de la casa y se fue
a un lugar solitario, donde se puso a orar.

Marcos 1.35

Cuando necesito recordar
quien soy en Cristo

Señor, te doy gracias porque me hiciste para ser como la fragancia de Cristo a otras personas. Ayúdame a llevarles la frescura de tu Espíritu a los que están pereciendo por falta de conocimiento de ti y a los que les falta comprensión de tus caminos. Gracias porque eres un Dios que puede ser conocido, y tú compartes lo que eres conmigo, porque te amo, te sirvo y te adoro. Ayúdame a compartir con otras personas todo lo de ti que has puesto en mí.

Porque para Dios nosotros somos el aroma de Cristo entre los que se salvan y entre los que se pierden. Para éstos somos olor de muerte que los lleva a la muerte; para aquéllos, olor de vida que los lleva a la vida. ¿Y quién es competente para semejante tarea?

2 CORINTIOS 2.15-16

Cuando necesito recordar
quien soy en Cristo

&

Señor, tu misma creación me dice que eres real y que eres grande. Tu poder eterno y tu naturaleza divina son claros para mí cuando miro las cosas que has creado. Tu existencia se hace innegable cuando miro las cosas que has hecho en mi vida. Te reconozco como mi Creador, que no sólo me creó a mí, sino que continúa creando en mí un corazón que hará tu voluntad. Ayúdame a recordar siempre que debido a que soy hijo del Dios del universo, tengo un destino bueno.

&

Los cielos cuentan la gloria de Dios, el firmamento proclama la obra de sus manos.

Salmo 19.1

Cuando necesito recordar
quien soy en Cristo

Querido Dios, te doy gracias porque soy renovado de acuerdo a la imagen de Cristo que ha sido estampada en mi corazón y mi mente. Ayúdame a deshacerme de cualquier cosa vieja en mi vida que pueda impedirme llegar a ser más como tú cada día. Ayúdame a dejar de ser la persona vieja que era —aun tan recientemente como ayer— y a vestirme de la nueva persona que me hiciste en Cristo. Continúa renovándome la mente y el alma para poder ser cada vez más y más como tú.

Pero ahora abandonen también todo esto:
enojo, ira, malicia, calumnia y lenguaje
obsceno. Dejen de mentirse unos a otros,
ahora que se han quitado el ropaje de la vieja
naturaleza con sus vicios, y se han puesto el de
la nueva naturaleza, que se va renovando en
conocimiento a imagen de su Creador.

COLOSENSES 3.8-10

Cuando necesito recordar
quien soy en Cristo

❧

Gracias, Jesús, por todo lo que has sufrido en la cruz para quitar las consecuencias de mi pecado y mi rebelión, y darme paz con Dios. Junto con eso recibo toda la sanidad y la restauración por las que pagaste un precio. Sana mi cuerpo, mi mente y mi alma; la totalidad de mi persona y de mi vida. Debido a que he sido salvo, también me he librado de la devastación que hubiera heredado sin ti. Pero contigo puedo ser completamente renovado y restaurado en todo aspecto.

❧

*Él fue traspasado por nuestras rebeliones,
y molido por nuestras iniquidades; sobre él
recayó el castigo, precio de nuestra paz, y
gracias a sus heridas fuimos sanados.*

Isaías 53.5

Cuando necesito ayuda
en mis relaciones

❧

Señor, ayúdame a alcanzar siempre esa gran meta de estimar a otros más que a mí mismo. Ayúdame a no ser egoísta u orgulloso de ninguna forma en mis relaciones. Muéstrame la manera de considerar cada relación y enséñame cómo mostrar amor santo a todas las personas con las que me vinculo. Ayúdame a estar en contacto más cercano con las personas que te aman a ti y que caminan contigo según tus leyes. Ayúdame para no pensar qué es lo que puedo sacar de una relación, sino lo que puedo dar.

❧

No hagan nada por egoísmo o vanidad; más bien, con humildad consideren a los demás como superiores a ustedes mismos.

FILIPENSES 2.3

Cuando necesito ayuda en mis relaciones

꙳

𝒮eñor, cuando una de las desilusiones más grandes de mi vida sea una persona, te pido que me ayudes a entregártela a ti, junto con el recuerdo de lo que hizo o no hizo. No quiero cargar el peso del dolor y la tristeza, porque es demasiado para mí. Me entrego a ti y te pido que lleves esa carga por mí. Dejo la carga de esa relación en tus manos ahora mismo. No quiero vivir en la oscuridad y la amargura que producen el no perdonar. Quiero vivir en tu luz porque allí no voy a tropezar.

꙳

El que afirma que está en la luz, pero odia a su hermano, todavía está en la oscuridad. El que ama a su hermano permanece en la luz, y no hay nada en su vida que lo haga tropezar.

1 JUAN 2.9-10

Cuando necesito ayuda
en mis relaciones

CB

Señor, ayúdame a expresar tu amor en relación a otras personas en mi vida. Ayúdame a llegar a un acuerdo y a tener un mismo parecer con las personas santas. Ayúdanos a estar en unidad los unos con los otros. Si todos tenemos la mente de Cristo y el mismo Espíritu Santo que vive en nosotros, eso no debería ser difícil, a menos que alguno se mueva en la carne y no en el Espíritu. Ayúdame para moverme siempre en el Espíritu en lo que respecta a mis relaciones y a negarme a ser egoísta.

CB

*Llénenme de alegría teniendo un mismo
parecer, un mismo amor, unidos en alma
y pensamiento.*

FILIPENSES 2.2

Cuando necesito ayuda
en mis relaciones

Querido Dios, te pido que me ayudes a hacer lo necesario para tener relaciones pacíficas. Si hay problemas con alguien, ayúdame a mostrar amor. Si alguien me ha herido, ayúdame a perdonar. No permitas que haga algo vengativo. Ayúdame a entregar en tus manos cualquier relación difícil que tenga, y a no tratar de arreglarla por mí mismo. Confío en ti porque eres el único que puede transformar una relación difícil.

Si es posible, y en cuanto dependa de ustedes, vivan en paz con todos. No tomen venganza, hermanos míos, sino dejen el castigo en las manos de Dios, porque está escrito: «Mía es la venganza; yo pagaré», dice el Señor.

Romanos 12.18-19

Cuando necesito ayuda
en mis relaciones

Querido Señor, ayúdame a tener compasión por otras personas, especialmente por mis hermanos y hermanas en Cristo. Ayúdame a ser amoroso y compasivo, amable y cortés. Muéstramelo cuando no lo sea. Revélame la forma en que mis palabras y mis acciones afectan a otras personas para poder ser siempre una bendición. Te pido que la paz reine en mi relación más difícil. Quita toda lucha para que podamos llegar a un acuerdo en nuestras mentes así como también a la unión de nuestros corazones.

Vivan en armonía los unos con los otros;
compartan penas y alegrías, practiquen el
amor fraternal, sean compasivos y humildes.

1 PEDRO 3.8

Cuando necesito ayuda
en mis relaciones

&

*S*eñor, te pido que me ayudes para vivir en paz con todas las personas que me rodean. Líbrame de contiendas en cualquier relación. Oro que todas mis relaciones tengan una gran porción de tu paz fluyendo en ellas. Ayúdame a ser santo, como tú eres santo, para llegar a ser una persona con las que otros les gusta pasar tiempo. Ayúdame para siempre reflejar tu amor y tu gracia a otros. Muéstrame cómo puedo ser una bendición hoy para las personas que forman parte de mi vida.

&

Busquen la paz con todos, y la santidad,
sin la cual nadie verá al Señor.

HEBREOS 12.14

Cuando necesito ayuda
en mis relaciones

❦

*S*eñor, ayúdame a ser un amigo que ama en todo tiempo. Cuando en mis relaciones sucedan cosas que son difíciles o que perturban, ayúdame a elevar mis ojos a ti y no mirar el problema. Ayúdame a ver lo positivo en el conflicto y el bien que sacarás de él. Ayúdame a enfocarme en tu gran poder que puede transformar una relación en un instante. Si ha habido una rotura en una relación, te pido que no sólo la sanes, sino que hagas que esa relación sea mejor. Si esta es una relación que debo dejar, ayúdame a hacerlo. Sé que si esta es tu voluntad, traerás la sanidad necesaria para que la relación continúe.

❦

En todo tiempo ama el amigo; para ayudar en
la adversidad nació el hermano.

PROVERBIOS 17.17

329

Cuando necesito ayuda en mis relaciones

Señor, ayúdame a escoger a mis amigos con cuidado para que no me encuentre nunca en compañía de una persona insensata. Ayúdame a caminar con personas santas y sabias para llegar a ser más como ellas. Cuando en una amistad suceda algo que me perturbe, te pido que lo cambies para bien y que saques algo positivo de eso. Te pido que hagas cosas buenas en todas mis relaciones y en especial bendice aquellas que parecen difíciles.

El que con sabios anda, sabio se vuelve; el que con necios se junta, saldrá mal parado.

PROVERBIOS 13.20

Cuando necesito ayuda
en mis relaciones

Señor, cuando el dolor por algo que le ha sucedido a la gente que amo trata de volver y torturarme, te pido que me lo quites y que me des tu paz. Ayúdame a elevarme por encima de esos sentimientos y ver que la vida continúa, porque tú eres eterno. Si he perdido una relación, sáname de ese vacío. Quita los recuerdos tristes y ayúdame a recordar las cosas buenas. Dame una visión fuerte del futuro para poder enfocarme en eso. Capacítame para consolar a los que sufren de la misma forma en que me has consolado.

Dichosos los que lloran, porque serán consolados.

MATEO 5.4

Cuando necesito ayuda
en mis relaciones

⊘

*Q*uerido Señor, te pido que me ayudes a ser la clase de amigo que es de ayuda en tiempos de problemas. Sé que las relaciones firmes y sinceras son importantes para todos porque tú has dicho que no es bueno que el hombre esté solo. Ayúdame a encontrar amigos que estén tan comprometidos conmigo como yo con ellos. Ayúdanos a ser un apoyo mutuo, siempre ayudándonos los unos a los otros a caminar más cerca de ti.

⊘

Más valen dos que uno, porque obtienen más
fruto de su esfuerzo. Si caen, el uno levanta al
otro. ¡Ay del que cae y no tiene quien lo levante!

ECLESIASTÉS 4.9-10

Cuando necesito ayuda
en mis relaciones

❧

*S*eñor, ayúdame a tener amistades buenas y santas con otros creyentes para que seamos personas que caminan de acuerdo a las mismas reglas. Ayúdame a estar con personas que son de un mismo pensar en cuanto a nuestro amor por tu Palabra y nuestra devoción a vivir de acuerdo a tus caminos. Oro por las relaciones que ya tengo, que te glorifiquen. Por cualquier amigo que tengo y que no te conoce, te pido que lo traigas a un conocimiento salvador de Cristo. Ayúdame a ser una influencia fuerte y santa en ellos.

❧

En todo caso, vivamos de acuerdo con lo que
ya hemos alcanzado.

FILIPENSES 3.16

Cuando necesito ayuda
en mis relaciones

❧

Querido Señor, te pido que no ande en yugo desigual con un incrédulo. Si ese ya es el caso, te pido que lleves a esa persona al conocimiento tuyo como su Salvador, o que me libres de esa relación. Si he recibido influencia de incrédulos que no son buenas, ayúdame a identificarlas y a rectificarlas. Ayúdame a ser una influencia tan buena en otras personas que pueda traer a los incrédulos a ti por medio de la santidad que ven en mí.

❧

No formen yunta con los incrédulos.
¿Qué tienen en común la justicia y la maldad?
¿O qué comunión puede tener la luz con la
oscuridad? ¿Qué armonía tiene Cristo con el
diablo? ¿Qué tiene en común un creyente
con un incrédulo?

2 Corintios 6.14-15

Cuando necesito ayuda
en mis relaciones

Querido Señor, oro que envíes amigos creyentes a mi vida que sean una buena influencia para mí, que agucen mi mente y mi alma y fortalezcan mi caminar contigo. Amigos que me desafíen a crecer en las cosas de tu reino y que estén a mi lado cuando pase por tiempos difíciles. Ayúdame a ser la misma clase de amigo, alguien que está al lado de las personas que pasan por tiempos de necesidad. Sé que tener buenos amigos es extremadamente importante en lo que respecta a encontrar realización y restauración en mi vida.

El hierro se afila con el hierro, y el hombre en
el trato con el hombre.

PROVERBIOS 27.17

Cuando necesito ayuda
en mis relaciones

*Q*uerido Dios, te pido que me hagas un pacificador entre la gente. Muéstrame la forma de siempre hablar las palabras adecuadas para traer paz a una relación o una situación. Ayúdame también a ser alguien que *mantenga* la paz. Dame la habilidad de mantener la paz en una relación una vez que se haya establecido. Enséñame los caminos de la paz para ver lo que debe suceder para poder establecerlo. Tú me has llamado a ser una persona pacífica. Ayúdame a cumplir ese llamamiento de todas las formas posibles. Oro que tu paz reine en todas mis relaciones.

Dios nos ha llamado a vivir en paz.

1 Corintios 7.15

Cuando necesito sentirme
más cerca de Dios

c✗

Querido Señor, anhelo tu presencia más que ninguna otra cosa en el mundo. Mi prioridad número uno en la vida eres tú. Mi relación contigo es la fuente de la cual fluye mi vida. Sin ti no tengo nada, porque sin ti, todo lo demás carece de significado y es infructuoso. Ayúdame siempre a buscarte primero que todo lo demás. Tengo sed de ti y te pido que llenes cualquier vacío en mi corazón con más de ti. Busco tu refrigerio en las esferas secas de mi alma. Derrama en mí tu agua viva, lléname de nuevo con tu Espíritu Santo hoy.

c✗

Oh Dios, tú eres mi Dios; yo te busco
intensamente. Mi alma tiene sed de ti; todo mi
ser te anhela, cual tierra seca, extenuada
y sedienta.

SALMO 63.1

Cuando necesito sentirme
más cerca de Dios

❧

Señor, te doy gracias porque estás cerca de todos los que claman a ti. Clamo a ti ahora y te pido que me des una sensación especial de tu presencia. Quiero estar más cerca de ti que nunca antes y sentir que tu presencia quita toda la opresión, la duda o la inestabilidad. Gracias porque eres un Dios que puede ser encontrado, que se acerca a aquellos que se acercan a ti. Hoy me acerco a ti porque no puedo vivir sin ti.

❧

Busquen al SEÑOR mientras se deje encontrar,
llámenlo mientras esté cercano.

ISAÍAS 55.6

Cuando necesito sentirme
más cerca de Dios

❧

Señor, saco de mi vida ahora mismo todo lo demás y me acerco a ti. Pongo mis preocupaciones y mis inquietudes en tus manos. Las suelto y las coloco a tus pies. Comparto contigo los secretos de mi corazón y te pido que compartas conmigo los secretos del tuyo. Lléname de nuevo con tu Espíritu para que pueda disfrutar tu amor, tu paz, tu gozo y tu plenitud en mi vida de una manera mayor que nunca.

❧

Pero tú, cuando te pongas a orar, entra en tu cuarto, cierra la puerta y ora a tu Padre, que está en lo secreto. Así tu Padre, que ve lo que se hace en secreto, te recompensará.

Mateo 6.6

Cuando necesito sentirme
más cerca de Dios

Señor, no quiero que nada se interponga entre tú y yo. En especial no quiero que mi propio descuido en mi manera de vivir cause una separación entre nosotros. Ayúdame a obedecerte y a vivir de acuerdo a tus caminos para que siempre escuches mis oraciones. Muéstrame cualquier pecado oculto en mi vida para confesártelo y arrepentirme de lo que sea que me reveles. Quiero quitar de mi vida cualquier cosa que impida que camine más cerca de ti.

Son las iniquidades de ustedes las que los
separan de su Dios. Son estos pecados los que
lo llevan a ocultar su rostro para no escuchar.

Isaías 59.2

Cuando necesito sentirme
más cerca de Dios

Señor, de la misma forma en que David te adoraba con frecuencia, sé que no puedo avanzar mucho en la vida sin detenerme también a adorarte. Ahora mismo te adoro por todo lo que eres, te alabo por todo lo que has hecho por mí. Con todo mi corazón te doy gracias por tu presencia en mi vida, continuaré alabándote todos los días, tantas veces como piense en ti. Capacítame para adorarte y alabarte de una forma que te agrade.

*David fue a la casa de Obed Edom y,
en medio de gran algarabía, trasladó el arca
de Dios a la Ciudad de David. Apenas habían
avanzado seis pasos los que llevaban el arca
cuando David sacrificó un toro
y un ternero engordado.*

2 Samuel 6.12-13

Cuando necesito sentirme
más cerca de Dios

Señor, invito tu presencia ahora mismo para que me llene el corazón y la mente. Te invito para que ocupes el trono en cada esfera de mi vida hoy y todos los días que viva en esta tierra. Sé que en tu presencia voy a encontrar sanidad y restauración. Aparte de tu presencia no tengo vida. Aparte de tu presencia no puedo lograr nada que tenga valor eterno. Ayúdame para no estar nunca separado de tu presencia por ningún pensamiento insensato o por desobedecer tus caminos. Ayúdame para alabarte a menudo y caminar cerca de ti en todo momento.

A pesar de haber conocido a Dios,
no lo glorificaron como a Dios ni le dieron
gracias, sino que se extraviaron en sus inútiles
razonamientos, y se les oscureció
su insensato corazón.

ROMANOS 1.21

Cuando necesito sentirme más cerca de Dios

❧

*S*eñor, te alabo en la mañana cuando me levanto, por la noche cuando me acuesto, y en todo momento durante el día. Cuando me despierto, ayúdame a alabarte con las primeras palabras que salgan de mis labios, aun en medio de la noche. Ayúdame a rebosar con alabanza por lo que eres y por todo lo que has hecho. Y cuando llego al momento en que me queda sólo una oración, que sea una oración de alabanza y adoración a ti.

❧

Desde la salida del sol hasta su ocaso,
sea alabado el nombre del Señor.

Salmo 113.3

Cuando necesito sentirme
más cerca de Dios

☙

Señor, en lugar de enfocarme en mí mismo y en mis problemas, quiero enfocarme en ti y en tu grandeza. En vez de estar siempre pensando en mis necesidades, quiero estar pensando siempre en tu provisión y darte gracias por todo lo que ya me has dado. Te alabo y te doy gracias por tu gracia, tu misericordia, tu amor, tu paz, tu gozo, tu poder y tu descanso. Me acerco a ti e invito tu presencia con mi alabanza. En tu presencia tengo todo lo que jamás necesitaré.

☙

Den gracias al Señor, porque él es bueno;
su gran amor perdura para siempre.

Salmo 118.1

Cuando necesito sentirme
más cerca de Dios

Querido Señor, te doy gracias porque estás disponible para mí. Por el simple hecho de acercarme a ti, tú te acercarás a mí. Me acerco a ti ahora y te pido que me des un profundo sentido de tu presencia. A veces siento que mi vida es demasiado para que la maneje, y que hay muchas expectativas que no puedo cumplir, y que hay demasiadas posibilidades que me producen miedo. En esos momentos necesito estar más cerca de ti que nunca. Necesito escuchar tu voz que me habla al corazón diciéndome que todo saldrá bien. Ayúdame para ver mi vida desde tu perspectiva.

Acérquense a Dios, y él se acercará a ustedes.

SANTIAGO 4.8

Cuando necesito sentirme
más cerca de Dios

❦

Señor, te adoro y te exalto por encima de todo en mi vida. Revélate a mí de maneras grandes y maravillosas, porque necesito conocerte mejor. Tú eres Todopoderoso y maravilloso, y adorarte me produce gozo. Gracias, Señor, porque a medida que me acerco a ti, les enseñas a mi mente, mi alma y mi espíritu cosas que necesito saber. Ayúdame a vivir en tu presencia, porque es allí donde ocurren la sanidad y la restauración. Sé que las cosas se ven diferentes cuando paso tiempo contigo.

❦

¿Quién es el hombre que teme al Señor?
Será instruido en el mejor de los caminos.
Tendrá una vida placentera, y sus
descendientes heredarán la tierra.
El Señor brinda su amistad a quienes le
honran, y les da a conocer su pacto.

Salmo 25.12-14

Cuando necesito sentirme
más cerca de Dios

❦

Señor, hoy busco tu rostro porque deseo estar contigo como un amigo, y anhelo caminar contigo y pasar tiempo hablando contigo. Necesito escucharte y saber que me escuchas. Ayúdame a vivir en tu presencia más y más, porque es sólo allí que puedo encontrar la paz que sobrepasa todo entendimiento. Alabo tu santo nombre porque eres mi Salvador, mi sanador, mi liberador y mi proveedor. Tú eres el Dios Todopoderoso del universo que restaura mi alma a la plenitud.

❦

¡Gloríense en su nombre santo!
¡Alégrense de veras los que buscan al Señor!
¡Refúgiense en el Señor y en su fuerza,
busquen siempre su presencia! ¡Recuerden las
maravillas que ha realizado, los prodigios
y los juicios que ha emitido!

1 Crónicas 16.10-12

Cuando necesito sentirme
más cerca de Dios

❧

Querido Señor, te doy gracias porque nunca puedo ser separado de ti. Sin importar adónde vaya, tú estás allí. Aun si nadie más en el mundo sabe dónde estoy, tú lo sabes. No hay lugar en el cual tú no me puedas encontrar o ver. Ayúdame a recordar esto cada vez que me sienta solo o distante de ti. Ayúdame a recordar que estás siempre tan cerca de mí como yo te invito a que estés.

❧

Confía siempre en él, pueblo mío;
ábrele tu corazón cuando estés ante él.
¡Dios es nuestro refugio!

SALMO 62.8

Cuando necesito sentirme
más cerca de Dios

~

*P*adre celestial, de noche, cuando siento ansiedad por algunas cosas y me siento cansado y abrumado por todo lo que enfrento, es entonces que anhelo tu presencia más que nunca. Mi alma y mi espíritu buscan tu Espíritu Santo —mi Consolador y Ayudador— para que tranquilice mi mente. Estoy muy agradecido porque que cada vez que te busco, te encuentro. Ayúdame a recordar siempre que debo correr a ti al primer indicio de vacío, para ser consolado, fortalecido y llenado de nuevo con tu Espíritu Santo.

~

Todo mi ser te desea por las noches; por la mañana mi espíritu te busca. Pues cuando tus juicios llegan a la tierra, los habitantes del mundo aprenden lo que es justicia.

Isaías 26.9

Cuando necesito sentirme más cerca de Dios

℘

*S*eñor, te doy gracias por lo que eres en mi vida. Te venero por encima de todo en este mundo. Sé que en mi adoración, alabanza y reverencia a ti hay un flujo de tu Espíritu que se derrama en mí y que me trae vida. Permite que tu vida fluya en la mía. Este flujo de vida me aparta de los peligros latentes de la destrucción y la muerte. La alabanza me acerca a ti, donde puedo encontrar la fuente de vida que es el flujo de tu Espíritu. Límpiame y lléname ahora mismo, Señor, y dame vida nueva.

℘

El temor del Señor es fuente de vida, y aleja al hombre de las redes de la muerte.

Proverbios 14.27

Cuando necesito entender
mi propósito y mi futuro

⤫

*S*eñor, ayúdame a ser paciente y a no preocuparme ni desalentarme cuando espero las respuestas a mis oraciones y a que sucedan algunas cosas. Cada vez que sienta dudas en cuanto a mi futuro, ayúdame a recordar que tengo un propósito y un llamado alto. Cuando no puedo ver cómo puede el futuro ser lo que quiero, ayúdame a recordar que debido a que te he entregado mi vida, mi futuro será de la forma que *tú* quieres que sea. Tú me has prometido un futuro de paz y esperanza, un futuro mucho más grande de lo que me puedo imaginar. Gracias, Señor, por pensar en mí.

⤫

Porque yo sé muy bien los planes que tengo
para ustedes —afirma el Señor—, planes de
bienestar y no de calamidad, a fin de darles un
futuro y una esperanza.

Jeremías 29.11

351

Cuando necesito entender
mi propósito y mi futuro

❧

Señor, ayúdame a ser una persona que lleva las buenas nuevas de tu salvación a otros. Capacítame para llevar tu paz y tu liberación a los que la necesitan. Dame la habilidad de olvidarme de mis propias necesidades y de concentrarme en ayudar a suplir las de otras personas. Muéstrame la forma de proclamar tu reino adondequiera que vaya. Al igual que reinas en el mundo, te pido que reines en mi corazón. Gobierna mi vida y llévame al futuro que tienes para mí.

❧

Qué hermosos son, sobre los montes, los pies
del que trae buenas nuevas; del que proclama
la paz, del que anuncia buenas noticias, del
que proclama la salvación, del que dice a Sión:
«Tu Dios reina».

Isaías 52.7

Cuando necesito entender mi propósito y mi futuro

℀

Señor, sé que tú me has creado con dones singulares y un llamado especial. Ayúdame a entender eso. Tú me has dado un propósito especial. Ayúdame a alcanzarlo. Tú me has establecido para un futuro que es bueno. Ayúdame a confiar en ti en cuanto a mi futuro, especialmente cuando se ve inseguro o siento temor. Ayúdame a alabarte siempre y a darte gracias por todo lo que tienes en el futuro para mí. Gracias porque nunca perderé el llamado y el propósito que tienes para mi vida. Gracias por la libertad de ser lo que ideaste.

℀

Porque el que era esclavo cuando el Señor lo llamó es un liberto del Señor; del mismo modo, el que era libre cuando fue llamado es un esclavo de Cristo.

1 Corintios 7.22

Cuando necesito entender
mi propósito y mi futuro

❧

*S*eñor, te doy gracias porque tus promesas nunca fallan. Veo eso ilustrado en lo que dice tu Palabra sobre cada uno de tus siervos a través de los cuales se cumplieron tus maravillosas promesas. Te pido que cumplas tus promesas en mí. Gracias porque me has prometido provisión y protección y el cumplimiento de mi propósito. Te doy gracias porque me has prometido vida eterna contigo. Confío que recibiré *todo* lo que me has prometido, y te agradezco porque aun ahora mismo tus promesas se están cumpliendo en mi vida.

❧

¡Bendito sea el SEÑOR, que conforme a sus promesas ha dado descanso a su pueblo Israel! No ha dejado de cumplir ni una sola de las gratas promesas que hizo por medio de su siervo Moisés.

1 REYES 8.56

Cuando necesito entender
mi propósito y mi futuro

❦

Señor, ayúdame a creer en el futuro glorioso que me has prometido. Ayúdame a prepararme para él dando los pasos de fe que me muestras. Ayúdame a crecer en todas las esferas de mi vida y a ensanchar mis expectativas contigo de modo que haya lugar para que llenes mi vida con todo lo que tienes para mí. Oro para que mi vida sea edificada sobre una roca sólida que nunca puede ser removida. Y aun cuando llegue a la ancianidad, te pido que todavía tenga que ensanchar mi horizonte para recibir las bendiciones que derramarás en mi vida.

❦

Ensancha el espacio de tu carpa, y despliega
las cortinas de tu morada. ¡No te limites!
Alarga tus cuerdas y refuerza tus estacas.
Porque a derecha y a izquierda te extenderás;
tu descendencia desalojará naciones, y poblará
ciudades desoladas.

Isaías 54.2-3

Cuando necesito entender
mi propósito y mi futuro

❧

Señor, sé que mi propósito es ser tu amor manifestado a otras personas. Te pido que me ayudes a cumplir mi propósito. Muéstrame cómo hacerlo. Prepárame el corazón para que sea tu mano extendida. Ayúdame a guiar a otros a ti para mostrarles cómo obran tus caminos en la vida. Capacítame para ayudar a los que sufren y que no tienen esperanza. Ayúdame a darles a los necesitados. Y bajo la guía de tu Espíritu, dame el valor de hablar la verdad de tu salvación.

❧

Cada uno debe velar no sólo por sus
propios intereses sino también
por los intereses de los demás.

FILIPENSES 2.4

Cuando necesito entender
mi propósito y mi futuro

Señor, te doy gracias porque mi futuro es seguro debido a que creo en ti. No sólo mi futuro aquí en la tierra, sino mi futuro eterno contigo en el cielo. Ya sea que viva o muera, mi futuro está seguro. Ayúdame a recordarlo en todo momento para que cuando me llegue la muerte no sienta miedo. Gracias, Señor, porque eres el pan de vida y me sostienes en todo momento. No me tengo que preocupar por el futuro, porque sabes cuáles son mis necesidades y estás listo para suplirlas aun antes de que te lo pida.

Ciertamente les aseguro que el que cree tiene vida eterna. Yo soy el pan de vida.

JUAN 6.47-48

Cuando necesito entender
mi propósito y mi futuro

Gracias, Señor, por tu abundante gracia en mi vida. Debido a ella tengo todo lo que necesito para vivir una vida plena. Quiero hacer cosas buenas y significativas para bendecir a otros y para hacer cambios positivos que perduren. Ayúdame a lograr cosas grandes para tu gloria. Te pido que me proveas todo lo que necesito en la vida para tener abundancia a fin de realizar todas las buenas obras que quieres que haga.

Y Dios puede hacer que toda gracia abunde
para ustedes, de manera que siempre, en toda
circunstancia, tengan todo lo necesario, y toda
buena obra abunde en ustedes.

2 Corintios 8.9

Cuando necesito entender
mi propósito y mi futuro

Señor, prepárame para hacer tu voluntad y avanzar al propósito para el cual me creaste. Envíame a hacer tu obra con gozo. Guíame con paz. Ayúdame a seguirte en todo para poder hacer tu perfecta voluntad. Ayúdame a escuchar la celebración de tu creación a medida que elevo mi alabanza y te adoro por las cosas grandes que harás en mí, a través de mí y alrededor de mí.

Ustedes saldrán con alegría y serán guiados
en paz. A su paso, las montañas y las colinas
prorrumpirán en gritos de júbilo y aplaudirán
todos los árboles del bosque.

Isaías 55.12

Cuando necesito entender
mi propósito y mi futuro

❧

*Q*uerido Dios, ayúdame a tener la fuerza necesaria para soportar todos los desafíos que debo enfrentar en el futuro. Quiero hacer tu voluntad y cumplir el propósito para el cual me creaste. Quiero caminar hacia el futuro que tienes para mí. Quiero recibir todas las promesas que tienes para mi vida. Sé que eso no es algo que sucede por sí solo. Debo ser diligente en la oración y determinar obedecerte en todo momento. Ayúdame a lograrlo. Te doy gracias, Señor, porque después de haber hecho tu voluntad, recibiré tus promesas para mi futuro, tanto aquí como en la eternidad.

❧

Ustedes necesitan perseverar para que, después
de haber cumplido la voluntad de Dios,
reciban lo que él ha prometido.

HEBREOS 10.36

Cuando necesito entender
mi propósito y mi futuro

❦

*S*eñor, te doy gracias por tu promesa de la eternidad en el cielo para todos los que te aman y te proclaman Señor de sus vidas. Ayúdame a mantener la eternidad en mi perspectiva a medida que avanzo en el sendero que trazaste para mí y en el futuro para el cual me creaste. Ayúdame a servirte fielmente todos los días de mi vida, hasta el momento en que vaya a vivir eternamente contigo. La promesa más maravillosa de todas es la vida eterna en tu reino, te alabo por el sacrificio que hiciste para asegurármela.

❦

Ésta es la promesa que él nos dio: la vida eterna.

1 JUAN 2.25

Cuando necesito entender
mi propósito y mi futuro

❧

Señor, háblame acerca de mi futuro. Espíritu Santo de verdad, háblame la verdad acerca de mi vida y mi propósito. Dime algo de lo que me espera para tener descanso en mi alma al respecto. Dame una visión de mi futuro que me indique que es seguro. Ayúdame a tener una anticipación gozosa en cuanto a mi futuro. Aun cuando tal vez no me reveles todos los detalles, ayúdame a ver que puedo esperar un futuro bueno.

❧

Pero cuando venga el Espíritu de la verdad, él los guiará a toda la verdad, porque no hablará por su propia cuenta sino que dirá sólo lo que oiga y les anunciará las cosas por venir.

JUAN 16.13

Cuando necesito entender mi propósito y mi futuro

❧

Querido Señor, estoy muy agradecido porque harás en mi vida mucho más de lo que puedo imaginar. Tu Palabra dice que lo que tienes para mí es «muchísimo más» de lo que me puedo imaginar o pedir. Eso me resulta sorprendente, Señor, porque puedo pensar en mucho y pedir mucho. Con gran anticipación, anhelo todo lo que tienes para mí en el futuro. Ayúdame a no cruzarme en el camino de nada de lo que tú quieres hacer en mí y a través de mí.

❧

Al que puede hacer muchísimo más que todo
lo que podamos imaginarnos o pedir, por el
poder que obra eficazmente en nosotros,
¡a él sea la gloria en la iglesia y en Cristo Jesús
por todas las generaciones,
por los siglos de los siglos! Amén.

EFESIOS 3.20-21

Cuando necesito entender mi propósito y mi futuro

Señor, ayúdame a no sentir desánimo cuando parezca como que no veo fruto en mi vida. Yo sé que tú eres la fuente de todo lo que da fruto. Te alabo e invito a que pongas en mí tu poder de engendrar vida. Te pido que a cada esfera estéril de mi vida la hagas fructífera y productiva. Cuando comience a pensar que no puedo dar a luz nada significativo, elevaré mi alabanza a ti, porque es sólo por medio de tu capacitación que puedo apoderarme del propósito para el cual me has llamado.

Tú, mujer estéril que nunca has dado a luz, ¡grita de alegría! Tú, que nunca tuviste dolores de parto, ¡prorrumpe en canciones y grita con júbilo! Porque más hijos que la casada tendrá la desamparada —dice el SEÑOR.

Isaías 54.1

Cuando necesito entender
mi propósito y mi futuro

Señor, a menos que me enseñes, no sabré cuál es el camino correcto que debo seguir. A menos que me hables con tu Palabra, no puedo entender completamente tus caminos. Espíritu Santo, guíame en todas las cosas y dame sabiduría. Purifica mi corazón y cada día hazme más como tú para poder llegar a ser todo lo que planeaste que fuera. Espero en ti para que me guíes hacia el futuro que tienes para mí. No quiero dar ni un sólo paso sin ti.

Señor, hazme conocer tus caminos;
muéstrame tus sendas. Encamíname
en tu verdad, ¡enséñame!
Tú eres mi Dios y Salvador.

Salmo 25.4-5

Cuando necesito entender mi propósito y mi futuro

❦

Señor, ayúdame a olvidar todo lo que está detrás de mí para poder alcanzar el futuro que tienes para mí. Mi meta principal en la vida es cumplir tu llamado. Ayúdame a lograrlo. Ayúdame a correr bien la carrera, a pelear la buena batalla, a no comprometer de ninguna manera la vida que tienes para mí. Ayúdame a no mirar al pasado, a las veces que dejé que el temor, la duda y la ignorancia de tus caminos influyeran en mis decisiones. Capacítame para elevarme por sobre todo eso y alcanzar la restauración completa y el propósito que tienes para mi vida.

❦

Hermanos, no pienso que yo mismo lo haya logrado ya. Más bien, una cosa hago: olvidando lo que queda atrás y esforzándome por alcanzar lo que está delante, sigo avanzando hacia la meta para ganar el premio que Dios ofrece mediante su llamamiento celestial en Cristo Jesús.

FILIPENSES 3.13-14

Diario de oración

Acerca de la autora

Stormie Omartian es autora de éxitos de librería de la serie de *El poder de... que ora*® con más de 10 millones de copias impresas. Es una conferencista muy solicitada, cuya pasión es ayudar a las personas a conocer a Dios y Su amor de una manera muy profunda. Como sobreviviente de abuso infantil, Stormie incorpora a sus obras una comprensión profunda sobre los temas de sanidad. Ella y su esposo, Michael, han estado casados por 32 años y tienen 3 hijos adultos.